全単元・全時間の
流れが一目でわかる！

社会科 3.4年

365日の 板書型指導案

阿部 隆幸・板書型指導案研究会 著

明治図書

はじめに

　本書を手に取られた先生方の中には，もしかして日々，次のような悩みを抱えておられる方がいらっしゃるかもしれません。

・毎日の忙しさの中で，満足に教材研究ができていない。
・１時間の社会科の授業をどう流したらいいか，わからない。
・学年の先生方と，授業の流れを共有する時間が取れない。
・教師用指導書だけでは，細かい指示や発問がわからない。
・板書が整理できず，用語や説明の羅列になってしまう。

　本書が提案する「板書型指導案」は，このような悩みを解消する特効薬になり得る，学習指導案の形式です。

　わたしたち自身も以前まで，このすべての悩みを抱える一人でした。そんな中，「板書型指導案」の先行実践に出合い，シンプルな形式と利便性に感銘を受けました。そして，わたしたちなりに，さらに「毎日の教材研究の過程で作成でき，日常的に使える」実用的な形式を目指して，検討を重ねました。具体的には，「１枚を１時間程度で作成できるようでなければ，多忙な毎日の中でつくれない」と考えて形式を整え，改善と実践を積み重ねて蓄積してきました。

　我々が実感する「板書型指導案」の効果は，以下の通りです。

・職員室から教室に行くまでに，一目見てわかる。
・学年の先生方に配布することで，十分に情報を共有できる。
・作成する過程で，板書や授業の流れが整理される。
・「１時間の授業をデザインする力」が磨かれる。
・次年度以降に「すぐに使える」授業記録として残る。

　本書の特長として，地域社会を扱う３・４年生の社会科において，平成29年版学習指導要領に対応した単元構成で作成しました。例えば，３年生では，「市の様子の移り変わり」で「人口」を取り上げたことから国際化に触れ，これからの市の発展について考えさせる活動を設定しました。また，「地域の安全を守る働き」では，消防の働きについて「対処」に，警察の働きについて「防止」に，それぞれ重点を置いて指導する流れで授業をつくりました。また，４年生では，新単元「自然災害から人々を守る活動」で県内の水害を，「県内の特色ある地域の様子」で国際交流に取り組んでいる地域を取り上げるなどしました。先生方の都道府県・市町村の事例に置き換えてご活用ください。本書が先生方の一助となれましたら，幸いです。

2019年３月

　　　井出　祐史　　千守　泰貴　　紺野　悟　　海老澤　成佳

目 次

はじめに　2

1章　板書型指導案のススメ

◆板書型指導案って何？ ……………………………… 10
◆板書型指導案の歴史 ………………………………… 11
◆板書型指導案の特長（よさ） ………………………… 11
◆板書型指導案の読み方・書き方 …………………… 14
◆板書型指導案を使った授業デザイン ……………… 18
◆板書型指導案を活用するときのコツ ……………… 22

2章　授業の流れが一目でわかる！社会科3年板書型指導案

1　身近な地域や市の様子（17時間） ……………… 24

- **1時** まちの様子を調べ，めあてをたてよう。24
- **2・3時** A小学校のまわりを調べ，学習問題をつくろう。25
- **4時** わたしたちのまち戸塚はどんなところか，地図でくわしく調べ，学習問題に答えよう。26
- **5時** A小学校とB小学校のまわりの様子をくらべて，表にまとめよう。27
- **6時** A小学校とB小学校の地図をくらべて，川口市の様子を考えよう。28
- **7時** 2つの学校は川口市のどこにあるのだろうか。29
- **8時** 川口市の地形はどのようになっているのだろうか。30
- **9時** 川口市の住たくが多いところはどこなのだろうか。31
- **10時** 川口市のお店が多いところはどこなのだろうか。32
- **11時** 川口市の畑が多いところはどこなのだろうか。33
- **12時** 川口市の工場が多いところはどこなのだろうか。34
- **13時** 川口市にはどこに公共しせつがあり，どのような役わりをしているのだろうか。35
- **14時** 川口市の主な鉄道や道路は，どのように通っているのだろうか。36
- **15時** 川口市に古くから残るものはどのようなものがあるのだろうか。37
- **16時** 調べたことをもとに，学習問題に答えよう。38
- **17時** 川口市のよいところを伝えるPRポスターをつくろう。39

2　地域に見られる仕事（生産）（12時間） ……… 40

- **1時** 川口市には，どのような仕事をしている人がいるのだろうか。40
- **2時** 川口市では，どこで，どのようなものをつくっているのだろうか。41
- **3時** いものをつくる仕事について学習問題をつくろう。42
- **4時** 学習問題について，学習計画と見学計画を立てよう。43
- **5・6時** 見学計画にそって，安全に工場見学をしよう。44

7時 見学で見つけたことを整理して，みんなのぎもんをかい決しよう。 45

8時 どのようにして，いものせい品をつくっているのだろうか。 46

9時 いもの工場では，どのような工夫をしているのだろうか。 47

10時 いものせい品は，どこへ運ばれているのだろうか。 48

11時 これまでの学習をふり返り，学習問題のけつろんをまとめよう。 49

12時 学習したことをもとに，川口のいものをしょうかいするポスターを書こう。 50

3　地域に見られる仕事（販売）（14時間） 51

1時 地いきにはどのようなお店があるだろうか。 51

2時 2つのお店のチラシを読みくらべ，学習問題をつくろう。 52

3時 学習問題をかい決するために調べたいこと，その方法を考えよう。 53

4・5時 見学計画にそって，スーパーマーケットを安全に見学しよう。 54

6時 見学で見つけたたくさんの人がお店に来るための努力や工夫を出し合おう。 55

7時 なぜ，お店の配置はどの店もにているのだろうか。 56

8時 スーパーマーケットは，どのように商品をならべているのだろうか。 57

9時 なぜ，時こくによって，ねだんや商品がかわるのだろうか。 58

10時 なぜ，いろいろな産地から商品が集まっているのだろうか。 59

11時 スーパーマーケットではたらく人々はどのような工夫をしているのだろうか。 60

12時 お店に来る消ひ者は，お店にどのようなことをのぞんでいるのだろうか。 61

13時 調べたことを生かし，学習問題に答えよう。 62

14時 ○○店のよいところをお客さんにアピールするポスターをつくろう。 63

4　地域の安全を守る働き（消防）（11時間） 64

1時 まちの安全を守るには，どのような活動をしている人がいるのだろうか。 64

2時 火事が起きたときの様子について気づいたことを話し合い，学習問題をつくろう。 65

3・4・5時 消防署を見学して，火事が起きたときの活動を調べよう。 66

6時 火事が起きたとき，どこへれんらくが行くのだろうか。 67

7時 火事が起きていないとき，消防署ではたらく人たちは，どのような仕事をしているのだろうか。 68

8・9時 わたしたちの身の回りには，どのような消防しせつがあるのだろうか。 69

10時 地いきの人たちは，どのような活動をしているのだろうか。 70

11時 これまで調べたことをふり返り，学習問題のけつろんを関係図にまとめよう。 71

5 地域の安全を守る働き（警察）（7時間） ……… 72

- **1時** わたしたちの住むまちの中で，どのような事故や事件が起きているのだろうか。 72
- **2時** 川口市の事故や事件の発生件数を調べ，学習問題をつくろう。 73
- **3時** 事故が起きたとき，どこへれんらくが行くのだろうか。 74
- **4時** 事故や事件が起きていないとき，警察署ではたらく人たちは，どのような仕事をしているのだろうか。 75
- **5時** わたしたちの身の回りには，どのような安全を守るためのしせつがあるのだろうか。 76
- **6時** 地いきの人たちは，まちの安全を守るために，どのような活動をしているのだろうか。 77
- **7時** これまで調べたことをふり返り，学習問題のけつろんを表にまとめよう。 78

6 市の様子の移り変わり（9時間） ……… 79

- **1時** 川口市の昔と今の人口を調べ，学習問題をつくろう。 79
- **2時** 川口市の昔と今で，土地の使われ方は，どのようにかわったのだろうか。 80
- **3時** 川口市の昔と今の道路や鉄道の様子は，どのようにかわったのだろうか。 81
- **4時** 川口市の公共しせつは，どのように整備されてきたのだろうか。 82
- **5・6時** 川口市の人々のくらしの様子は，どのようにかわったのだろうか。 83
- **7・8時** 調べたことを年表にし，学習問題のけつろんをまとめよう。 84
- **9時** 今後，予想される川口市のへんかを調べ，もっと住みよいまちにする取り組みを話し合おう。 85

3章 授業の流れが一目でわかる！社会科4年板書型指導案

1 県の様子（10時間） ……… 88

- **1時** 埼玉県は日本のどこにあるのだろうか。 88
- **2時** 埼玉県について知っていることを出し合い，学習問題をつくろう。 89
- **3時** 埼玉県にはどのようなまちがあるのだろうか。 90
- **4時** 県内の交通はどのように広がっているのだろうか。 91
- **5時** 埼玉県はどのような地形をしているのだろうか。 92
- **6時** 埼玉県の農業には，どのような特色があるのだろうか。 93
- **7時** 埼玉県の工業には，どのような特色があるのだろうか。 94
- **8時** これまでの学習をふり返り，学習問題の結ろんを考えよう。 95
- **9・10時** 都道府県クイズをしよう。 96

2 住みよいくらし（水）（10時間） ……… 97

- **1時** 水と自分たちの生活について話し合い，学習問題をつくろう。 97

2時 水道水の始まりはどこなのだろうか。 98

3時 ダムはどのような働きをしているのだろうか。 99

4時 利根川の水はどのように川口市まで来るのだろうか。 100

5・6時 新三郷じょう水場ではどのようにして水をきれいにしているのだろうか。 101

7時 新三郷じょう水場でつくられた水はどのようにしてわたしたちのところへと運ばれてくるのだろうか。 102

8時 これまで調べてきたことをもとに水の流れを図にまとめよう。 103

9時 今の水道のしくみができるまでは，どのように水を手に入れていたのだろうか。 104

10時 かぎりある水を大切にしていくために，自分たちができることを考えよう。 105

3　住みよいくらし（ごみ）（12時間） ……………… 106

1時 くらしからどんなごみが，どのくらい出ているのだろうか。 106

2時 ごみ置き場のごみは，どこに持っていかれるのだろうか。 107

3・4・5時 環境センターに運ばれたごみは，どのようにしょりされているのだろうか。 108

6時 環境センターで働く人たちは，どのような仕事をしているのだろうか。 109

7時 ごみをもやしたあとは，どのようなことが行われているのだろうか。 110

8時 分別されたもえないごみはどのようにしょりされるのだろうか。 111

9時 ごみをへらすために，わたしたちのまわりではどのような取り組みが行われているのだろうか。 112

10・11時 ごみのしょりについてわかったことや考えたことをまとめよう。 113

12時 ごみをへらすために，わたしたちにできることを考えよう。 114

4　自然災害から人々を守る活動（12時間） …………………… 115

1時 わたしたちの住む埼玉県では，どのような自然災害が起きているのだろうか。 115

2時 埼玉県内では，水害によってどのような被害が起きているのだろうか。 116

3時 学習問題の予想を立て，学習計画をつくろう。 117

4時 ダムは，水害に対し，どのような役わりをしているのだろうか。 118

5時 荒川第一調節池は，水害に対し，どのような役わりをしているのだろうか。 119

6時 首都けん外かく放水路は，水害に対し，どのような役わりをしているのだろうか。 120

7時 水害が起きたとき，だれが，どのような活動をするのだろうか。 121

8時 水害のじょうほうは，だれが，どのようにしてわたしたちに知らせているのだろうか。 122

9時 水害が起きたとき，地いきの人たちは，どのような活動をしているのだろうか。 123

| **10・11時** | 国や県，市，地いきの人たちは，水害に対し，どのように活動しているのだろうか。 124

| **12時** | 水害が起きたとき，どんなまちなら，みんなが助かるのだろうか。 125

5　県内の伝統や文化（9時間） ……………………… 126

| **1時** | 埼玉県にはどのようなお祭りがあるのだろうか。 126

| **2時** | 川越まつりは，いつ，だれが，何のために始めたのだろうか。 127

| **3時** | 学習問題の予想をもとに，社会科見学の計画を立てよう。 128

| **4・5・6時** | 見学計画にそって，社会科見学をしよう。 129

| **7時** | 今の川越の人々は川越まつりのためにどのような取り組みをしているのだろうか。 130

| **8時** | これまでの学習をふり返り，学習問題の結ろんを考えよう。 131

| **9時** | 県内の文化財や年中行事に対して，自分たちができることを考えよう。 132

6　先人の働き（14時間） …………………………… 133

| **1時** | 県内の銅像になっている人物はどのような働きをしたのだろうか。 133

| **2時** | 井沢弥惣兵衛はどのような働きをした人なのだろうか。 134

| **3時** | 見沼代用水ができる前，村の人々はどんな願いをもっていたのだろうか。 135

| **4時** | 見沼の様子や村人の思いの変化から学習問題をつくろう。 136

| **5・6・7時** | 見沼代用水はどのように流れているのだろうか。 137

| **8時** | 見沼代用水の工事はどのように行われたのだろうか。 138

| **9時** | 弥惣兵衛はどのような計画を立てたのだろうか。 139

| **10・11時** | 川と交差しているところはどうなっているのだろうか。また，なぜ東べりと西べりに分けたのだろうか。 140

| **12時** | 見沼代用水が完成して，ため井のまわりの村に住んでいた人の願いはかなったのだろうか。 141

| **13時** | 見沼代用水が完成して，ため井の下流の村に住んでいた人の願いはかなったのだろうか。 142

| **14時** | 調べてわかったことをもとに，紙しばいにまとめて発表しよう。 143

7　県内の特色ある地域の様子
・県内の特色ある地域の様子（地場産業）（7時間） ……… 144

| **1時** | 県内にはどのような特色のあるまちがあるのだろうか。 144

| **2時** | 小川町の和紙づくりについて調べ，学習問題をつくろう。 145

| **3時** | 小川町では，なぜ和紙づくりがさかんになったのだろうか。 146

| **4時** | 小川町の和紙はどのようにつくられているのだろうか。 147

| **5時** | 小川町でつくられた和紙はどのように使われているのだろうか。 148

| **6時** | 小川町の和紙づくりの課題を解決するために，どのような取り組みをしているのだろうか。 149

| **7時** | これまでの学習をふり返り，学習問題の結ろんを考えよう。 150

- **県内の特色ある地域の様子（伝統的な文化）（9時間）** …… 151

1時 川越市の町の様子について調べ，学習問題をつくろう。 151

2時 だれが蔵造りの町並みをつくり直したのだろうか。 152

3・4・5時 蔵造りの町並みをつくり直すための取り組みについて聞き取り調査をして調べよう。 153

6時 蔵造りの町並みをつくり直すために，川越蔵の会の人たちは何をしたのだろうか。 154

7時 蔵造りの町並みをつくり直すために，川越町並み委員会の人たちは何をしたのだろうか。 155

8時 蔵造りの町並みをつくり直すために，川越市役所の人たちは何をしたのだろうか。 156

9時 これまでの学習をふり返り，学習問題の結ろんを考えよう。 157

- **県内の特色ある地域の様子（国際交流）（8時間）** …………… 158

1時 日高市はどのような場所なのだろうか。 158

2時 日高市と韓国の関係を調べて，学習問題をつくろう。 159

3時 日高市役所では交流を続けるために，どのようなことを行ってきたのだろうか。 160

4時 日高市の人々はどのようにして国際交流に協力したり参加したりしているのだろうか。 161

5時 日高市では，スポーツ交流事業を成功させるためにどのような工夫をしているのだろうか。 162

6時 日高市では，スポーツ交流事業の他にどのような国際交流をしているのだろうか。 163

7時 日高市と烏山市の国際交流についてまとめ，学習問題についてまとめよう。 164

8時 日高市の取り組みや，今行われている取り組みを参考に，わたしたちのまちではどのような国際交流ができるか考えよう。 165

- **県内の特色ある地域の様子（まとめ）（3時間）** ……………… 166

1・2・3時 埼玉県みりょくいっぱいパンフレットをつくろう。 166

おわりに 167

1章 板書型指導案のススメ

◆板書型指導案って何？

「社会科の授業を少しでも魅力的なものにしたい」と思いつつ，「学校の教育活動全体が忙しくてなかなか社会科の授業改善に取り組めない」でいて，結局は「教科書や教師用指導書を少し参考にしただけで整理できず頭がゴチャゴチャのままで授業をしてしまっている」という皆さまに，とっておきのこの本を紹介します。

「板書型指導案」です。

「板書型指導案」という名前を初めて耳にする方もいらっしゃることでしょう。本書2章以後の実物を見ていただければ一目瞭然ですが，ここでは下のように定義しておきます。

「板書型指導案」とは，1枚の用紙の中に
(1) 本時の板書計画を紙面の中心に大きく描き，
(2) 板書だけでは伝わりにくい本時の流れや意図，要点，身につけたい力と評価などを周辺に書き出した
毎日の授業に活用できる指導案のことです。

みなさんは「学習指導案」の書式や書き方を吟味したことがありますか。研究授業等を中心に「書かねばならない状況」で「決められた書式」を与えられて書くことが当たり前で，考えたこともない

という方が多いことでしょう。決められた組織で決められたフォーマットで進めることは仕方ありません。しかし，日常の授業を進める中で学習指導案を「形骸的な」「仕方のないもの」としか捉えられない状況だとしたら，もったいないことをしています。

過去には，社会科において討論中心の授業を展開するための学習指導案の作成を検討した佐長健司先生の研究[1]などがあります。実際の授業と案（計画）を機能的に結びつけようとした試みです。

最近ではアクティブ・ラーニングの授業を進めていく際に手軽に進行できる考えとして「アクティブ・ラーニングデザインシート」[2]を作成することを勧める提案も参考になります。

日々の授業と連動してこその学習指導案です。学習指導案を身近なものとして引き寄せて，日常の授業に活用しましょう。それができるのがこの「板書型指導案」です。

本書は，2つの使い方ができます。

1つは，本書を使って毎日の社会科授業を展開できることです。全単元全時間の「板書型指導案」を掲載しました。本書を参照してもらえば，子どもたちが退屈を感じる社会科授業からの脱却が望めるでしょう。

2つは，本書をヒントに「板書型指導案」を作成できることです。以下では考え方，書き方のコツを紹介していきます。もちろん，本書を参考に微修正していくことも一つの方法でしょう。

◆板書型指導案の歴史

「板書型指導案」はわたしたちが発案したものではありません。もとをたどりますと、刊行物としては北海道社会科教育連盟が2008年10月に「社会科板書型指導案 Vol.1」を発刊したのがはじまりのようです。札幌市社会科教育連盟（委員長　新保元康先生）のホームページでVol.11まで発刊されています[3]（2018年8月現在）。この板書型指導案を紹介する形で、当時、文科省初等中等教育局教科調査官だった安野功先生が「新感覚の指導案として、いま、私が最も注目しているのが、板書型指導案だ」[4]と述べています。

また、社会科以外に視野を広げて探してみますと、北海道社会科教育連盟のものとは形式や考え方が若干異なるようですが、山口県教育委員会が県内の学校に「板書型指導案」を広げている様子がわかります[5]（平成28年現在）。

以上のような先行実践を知り、「板書型指導案」の作成のしやすさ、実際の授業での使い勝手のよさに魅了された社会科研究会の仲間が集まりました。話し合いを重ね、より作成しやすい、使い勝手のよい「板書型指導案」のフォーマットを整えました。そして、各自、自らの授業実践を中心に毎時間の社会科授業の内容を「板書型指導案」としてまとめていきました。実践を積み重ねた結果、3, 4, 5, 6年の社会科全単元全時間を「板書型指導案」にまとめることができました。

本として出版するにあたり、実践して蓄積した「板書型指導案」に2つのことを加味、修正しています。

第一は、新しい学習指導要領との整合性です。2020年度から全面実施する新学習指導要領の内容に合うように内容を整えました。移行期間である2019年度からすぐに使えるようになっています。

第二は、客観的にわかりやすいかを考えて文章表現やレイアウトを整えました。「板書型指導案」を作成し始めた当初は自分たちがわかればよい程度の認識で作成していました。本にするということは、第三者に伝わるような書き方をしなければなりません。フォーマットを極力統一するように努めました。学習内容により授業の進め方や考え方が異なります。加えて、学年や単元で執筆者が異なります。全く同じというようにはいきませんが、ページをめくっていく中で内容を読み取るために難しくならないように努力したつもりです。この工夫については、あとの「板書型指導案の読み方・書き方」で説明します。

◆板書型指導案の特長（よさ）

ここでは、板書型指導案の特長（よさ）をまとめることを通して、同時に本書の特長（よさ）も書き出していきたいと思います。安野功先生、新保元康先生、安達正博先生、前原隆志先生が書かれた文章を参考にしています（117頁参照）。

この4名の先生が説く「板書型授業案」の特長を整理すると次の7つになります。

板書型指導案の特長（よさ）

1　授業の（ゴール）イメージができること
2　授業の流れがわかること
3　教師自身が教材について学べること
4　学習内容の整理ができること
5　授業記録として活用できること
6　授業参観者のための指導案と手持ちの指導案を兼ねること
7　いつでも実践できること

以下，説明していきます。

1　授業の（ゴール）イメージができること

　「板書型指導案」は板書の完成したものとほぼ同等です。指導案を見ることで授業が終わった状態がイメージできます。また，授業途中に参照することで，今（ゴールの）どの程度まで進んでいるかも視覚的に確認することができます。板書型指導案を見たり，書いたりすることを続けることで，授業イメージを容易にもてることになるでしょう。

　「一目で明確に示すことができる」ことは，「社会科が苦手な先生」以外に，例えば，様々な業務で忙しく，なかなか授業研究に時間を割けない先生にとっても魅力です。偶然生じた，すきま時間にこの板書型指導案をさらっと眺めるだけでも，頭の中に授業をイメ

ージして授業に臨むことができるのです。

2　授業の流れがわかること

　「板書型指導案」では完成した板書構成図を紙面の中心に置きつつも，その周辺に授業の流れ（本書の「板書型指導案」では「つかむ」「調べる」「まとめる」と表記）を書くようにしています。これで，「静的な板書構成図」が「動的な板書構成図」に変身します。

　ゴール（目標や結果）と流れ（過程）を簡単にわかるようにしたことで，誰もが授業をしやすくなっているのです。

3　教師自身が教材について学べること

　本書は「本書を利用して全学年全単元全時間の授業を手軽に気軽に実践してもらう」ことと，「本書を利用してご自分の板書型指導案を作成してもらう」ことの大きく2つの使い方があります。

　まず「手軽に実践したい」と思って手にした方は，板書型指導案に示してある資料をそのまま用意して授業に使えばよいわけです。文章で説明してある資料ではなく視覚的にわかる資料なので，すぐに準備できますし，すぐに使えるはずです。いつ，どこで，どのように使うかがすぐにわかるのもよいです。本書を使い続けることで，資料提示のコツなどもわかってくることでしょう。

　次に「板書型指導案を作成したい」と思って手にしている方は，本書の資料提示を参考にしながら自分なりの資料を集めてみる，提示してみるということを試してみることができます。0から考える

4　学習内容の整理ができること

　1回の授業に見合った器（うつわ）で物事を考えて進めましょう。時間は1時間です。黒板の広さは決まっています。その時間の子どもたちの活動範囲，思考範囲，吸収できる知識量も1時間の授業分だけです。

　そう考えると，「あれもこれもそれも」と教えたい内容や方法の最大容量を書き出すのではなく，「あれとこれとそれ」と必要最小限を書き出して，授業中にそれ以外のモノやコトが出てきても受け止められる余裕を設けておくことは，子どもたちが主体的に学ぶ姿勢を育てるために必要です。

5　授業記録として活用できること

　「板書型指導案」は作成して終わり，の指導案ではありません。「計画」だけでなく，「記録」ができることにその素晴らしさがあります。

　例えば，本時の授業に該当するページをコピーしてバインダーにはさみ，カラーペンを持ちながら授業を進めます。こうすることで授業を進めながら気づいたことをメモすることができます。

　授業が終了した時点での完成予定の板書構成が描かれていることで，実際に進めた授業とのちがいが明確であり，そのちがいをもとにした気づきや考えを書き留めればよいのです。

6　授業参観者のための指導案と手持ちの指導案を兼ねること

　板書型指導案は，1枚の用紙に板書の完成案を用紙の中心に描き，板書構成に説明しきれない流れや工夫等をその周辺に書きます。自分だけのメモのようになりつつも，第三者にも一見してすぐに理解してもらえるレイアウトです。ユニバーサルデザイン的なのです。

7　いつでも実践できること

　「板書型指導案」の最後の特長として「いつでも実践できること」を挙げます。

　一見して「授業イメージ」ができて，一見して「準備物がわかり」1枚の用紙に作成するので，一般の学習指導案よりも簡単に作成できます。

　また，本書をそのまま活用すれば，全単元全授業をさっと展開することができます。少しでも先生方の仕事への負担軽減とともに授業の質の向上に寄与できましたならうれしく思います。

【注】
(1) 佐長健司「社会科討論授業のための学習指導案の内容と作成方法」（社会系教科教育学会『社会系教科教育学研究』第11号　1999年）pp.11-18
(2) 水落芳明・阿部隆幸編著『これで，社会科の『学び合い』は成功する！』（学事出版）
(3) 社会科板書型指導案―札幌市社会科教育連盟　http://www.school-ed.jp/shi-sharen/sidouan
(4) 安野功著『ヤング感覚"ザ・社会科授業"単元ストーリー化で子どもノリノリ』（明治図書）p.160
(5) 計画をもって授業に臨んでいますか～板書型指導案活用のすすめ～山口県教育委員会
　　http://www.pref.yamaguchi.lg.jp/cmsdata/c/0/9/c09b1410329a2668b208fd359302bdd7.pdf

◆板書型指導案の読み方・書き方

本書2章からの板書型指導案の構成を説明します。構成を知るということは、逆に考えれば、そのような構成で書けばよいということにつながります。ぜひ、構成を知ってさっと読み取ってすぐに授業を進められるようになると同時に、頭に浮かんだ授業のアイデアを板書型指導案に書き記せるように挑戦してみてください。

ちなみに、これから説明する「板書型指導案の構成」は、本書2章の「板書型指導案」実物の説明になります。先に紹介しています通り、全国には「北海道社会科教育連盟」や「山口県教育委員会」が提示している「板書型指導案」もありますし、他の研究会、自治体で作成、推奨している板書型指導案があるかもしれません。それとは異なることをご承知の上お読みください。

本書の「板書型指導案」は大きく4つの部分から成り立っています。以下です。

```
1  見出し
2  つけたい力と評価
3  板書計画
4  授業の流れ
```

1 見出し

「単元名」「総時間」「何時間目か」「ねらい」を示しています。ここで、ざっと社会科授業全体の、そして、単元全体の位置づけを把握します。板書型指導案は単元全体よりも1時間に焦点を絞った指導案です。「見出し」において、全体の位置づけを確認しておくことは本時1時間を深く考えていく前段階として大切です。

2 つけたい力と評価

「見出し」の「ねらい」を受けて、この授業でどのような力を身につけようと考えているかを記述します。

本文最後に、学習指導要領が掲げている育成したい3つの資質・

能力として挙げられている「知識及び技能」「思考力・判断力・表現力等」「主体的に関わろうとする態度」のうち，本時ではどれに最も焦点を当てて授業を行うかを記します。

3　板書計画

「板書型指導案」の中心を構成する板書計画です。

本時の板書の完成形を描くことが目標になります。わたしたち授業者にとってよりよい板書というのはそれぞれ異なることと思いますが，以下の点を考えて板書計画に表しました。本書を読み取るとき，そして，板書型指導案を作成するときの参考にしてください。

> (1)学習課題を書く（基本形は左上）
> (2)まとめが明示できる授業の場合はまとめを書く
> (3)時間の流れは，基本的に左から右に書いていく
> (4)効果的な資料配置を考えて明示する
> (5)言葉を精選して黒板に表記する（冗長にならない）
> (6)記号（矢印，吹き出し，枠囲み等）を効果的に使う

説明を加えます。

(1)学習課題を書く（基本形は左上）

本時で何を学ぶのか，何に向かっているのかを子どもたちに示すことは，子どもたちに学習の見通しをもってもらうため，つまり，主体的に学ぶ姿勢を培うために大切です。それが学習課題を書くという行為です。

この学習課題をいつも同じ場所に書くことで子どもたちはいつでも安心して，今行っている学習の目標や方向性を確認できます。本書では左上を基本形としました。

(2)まとめが明示できる授業の場合はまとめを書く

完成した板書を描くのが板書型指導案の特長です。学習課題に対応した「まとめ」が事前に書けるような授業内容のときは書いておきます。これで板書型指導案を参照しながら授業をする限り，「まとめ」をしないで終わるとか，授業終了時に「まとめ」の内容をどのようにするか悩むようなことはなくなります。

(3)時間の流れは，基本的に左から右に書いていく

本書では左から右へ書いていくことを基本形にしました。社会科の教科書やノートが横書きで文章が左から右へ進むので，それに合わせた方が子どもたちに違和感がないだろうという考えからです。

しかし，学習する内容によっては，黒板中央にテーマを書いて放射線状に文字や資料を配置していく方がわかりやすい場合もあるでしょう。また，マインドマップのようなマップ形式で表記していく方がよい場合もあるかもしれません。

基本形をもとにし，その都度，学習目標や内容によって記述方法を柔軟に変えられるのが理想です。

(4)効果的な資料配置を考えて明示する

　社会科の授業では，資料を用いる場面が多いです。だからこそ，視覚的に配置を明示できる板書型指導案の価値が高まります。

　事前に資料を黒板の位置にいつ貼付するか，その資料にどのような文字を補足するか，ということを板書型指導案にすることで考えられるようになります。そして，これらを事前に考えることは授業をスムーズに進めるためにとても大切なことです。

(5)言葉を精選して黒板に表記する（冗長にならない）

　黒板という限られた空間に，どんな言葉をどこに書くかを考えます。事前に言葉を精選し，効果的な場所にそれを書き記すことを考えるわけです。板書の完成形を事前に考える板書型指導案だからこそできる特長です。一般的な時系列で本時の展開を書き表す学習指導案の場合，言葉の説明だけで大切なことを板書しなかったり，板書に長々と文章を書いてしまったりと極端な板書になることがあります。これでは，授業の目標を達成しにくくなります。

(6)記号（矢印，吹き出し，枠囲み等）を効果的に使う

　考えて配置した資料や精選した言葉を，もっとわかりやすくしてくれるものが「記号」です。ここで言う「記号」とは矢印や吹き出しや枠囲み，そして色（カラー）等を指します。

　考え抜いて配置した資料や言葉が，矢印で流れを示されたり，吹き出しで資料と言葉のつながりがわかったり，枠囲みで他の資料や

言葉よりも大切であることが強調されたりすることになります。つまり，平板な板書が立体的な板書になるのです。

4　授業の流れ

　「板書型指導案」の中心は「板書計画」です。この「板書計画」は板書の完成予想図です。完成予想「図」ですので，「静的」なものです。変化（移り変わり）がわかりません。何も描かれていない状態の黒板がどのようにしてこの「板書計画（板書の完成予想図）」になったかがわからないのです。

　この「静的」な「板書計画」を「動的」なものにしてくれる役割がこの「授業の流れ」です。

　「板書計画」では授業の「結果（目標達成の姿）」がわかり，「授業の流れ」では授業の「過程（目標達成するまでの経過）」がわかります。「板書計画」と「授業の流れ」を併せて見ていくことで，本時の授業が浮き彫りになるという構造です。

　「授業の流れ」に関しても，授業者各自のこだわり，わかりやすさ等があると思います。本書では下のようなフォーマットで作成しています。少し説明を加えます。

```
(1)「つかむ」「調べる」「まとめる」の3場面に分割した
(2)丸付き数字の箇条書きで授業の流れを説明した
(3)教師の指導言を教，児童の予想される反応を児とした
(4)各時間の最も大切な箇所に「網掛け（Point）」を付けた
```

(5)「網掛け（Point）」部分で意識したいことを記述した

(1)「つかむ」「調べる」「まとめる」の3場面に分割した

「主体的・対話的で深い学び」を授業で進めていく中で、「調べる」活動が社会科の中では大切になってきます。その前後を挟むように「つかむ」と「まとめる」を配置しました。

(2) 丸付き数字の箇条書きで授業の流れを説明した

「板書計画（板書の完成予想図）」に至る流れを示すのがこの丸付き数字の箇条書き部分です。「つかむ」「調べる」「まとめる」の場面の中でどのような順序で、方法で、内容で目標まで進めるかを時系列で記述します。

ここに書き出すときに気をつけたいことは、大きく2つあります。

一つは目標達成に向けて教師の指導言（説明、指示、発問）が多すぎないか、子どもたちの活動の種類が多すぎないかということです。子どもたちは教師の言動に振り回されすぎて主体性を発揮できなくなります。教師の指導言を常に待ち続けるようになってしまいます。

もう一つは目標達成に向けて教師の指導言が少なすぎないか、子どもたちの活動の種類が少なすぎないかということです。主体性を発揮してもらうために教師のコントロール度を減らそうと指導言を減らしたり、たっぷり試行活動をしてもらおうと一つの活動時間を長く確保したりしても、目標に向かうための指針になる大切な働きかけが欠けていたら、子どもたちは授業の中で立ち往生します。

つまりは、適度な教師の指導言か、適切な子どもたちの活動かを見定める必要があるわけです。この多すぎず少なすぎずを意識してもらうためには、本書の「学習の流れ」のスペースは大変適していると作成経験、実践経験をもとに感じるところです。

(3) 教師の指導言を教、児童の予想される反応を児とした

本時の授業の中で重要になる「教師の指導言」に教を、ぜひ導き出したい児童の反応を児と記述しました。

限られたスペースの中で、教や児を記述するのはなかなか難しいことです。つまりは、そこまでして「授業の流れ」に記載したかった、記載する必要があった大切な「指導言」であり「反応」であるということです。

(4) 各時間の最も大切な箇所に「網掛け（Point）」を付けた

他の先行実践の「板書型指導案」に見られないわたしたちの「板書型指導案」独特の特長がこの各時間の最も大切な箇所に「網掛け（Point）」を付けたことです。

各時間の最も重要な活動であり、本時の授業の目標を達成させるために、本時の授業を成立させるために絶対に欠かせない活動を意識して目立たせています。本書の「板書型指導案」を活用して授業を行う際、最低限この部分だけはおさえて授業を進めるようにして

ください。

(5)「網掛け（Point）」部分で意識したいことを記述した

　これも上述の(4)に関わって本書が紹介する「板書型指導案」特有の表現です。各時間の一番下「本時のポイント」に記述している文章があります。これは，上述の(4)で説明した「網掛け（Point）」部分を授業で進めるときに何を意識するのか，何を確認するのかを端的に記述したものです。

　各時間で最も重要な部分に関して説明をした文章ですので，これを読むだけでも，おおまかに本時の授業がわかります。

　本書の「板書型指導案」は，全学年全単元全時間を揃えたというところが最大のウリです。理論書ではなく実際の授業に活用してもらってナンボの本です。ぜひ，いつも社会科授業の手元に置き，書き込み等をしていただきながらボロボロになるまで活用していただけましたら幸いです。

◆板書型指導案を使った授業デザイン

　「板書型指導案」に示されている「板書計画」と「授業の流れ」をもとに日常の授業を展開すればよいという説明はわかったのだけれど，今ひとつ単元を通した授業のイメージがわからないという方のために，ここでは本書の「板書型指導案」を使用した授業実践例を紹介します。

　単元は「県内の伝統や文化」です。9時間構成ですが，間の4，5，6時間を見学学習にあてています。見学学習に行くまでの1，2時間目，見学学習を終えてからの8時間目を紹介します。

1　1時間目

　「ねらい」は「埼玉県内の祭りについて関心をもち，川越まつりの特徴について調べる」です。県内という大きな範囲から地元という身近なところへ焦点を絞ります。「一般（世間）」と「地元（自分の生活）」が結びついていることを感じてもらう大切な視点です。

　最初に，埼玉県の三大祭りを取り上げます。祭りが行われる市町村の位置と観光客数について調べます。その中で，川越まつりには100万人以上の観光客が訪れることに気づかせ，どんな祭りなのか知りたいという興味・関心を抱かせます。

　その後，祭りの映像資料や図を子どもたちに提供し，「山車」と「お囃子」という川越まつりの特徴を調べるようにしました。

図1 「県内の伝統や文化」の板書型指導案1時間目

図3 1時間目の実際の板書

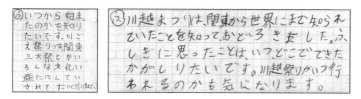

図2 1時間目の子どもたちの振り返りノート

子どもたちのノートからは「いつどこでできたのかが知りたいです」と今後の単元を通す課題をもつことができています。また，「すごいと思いました」「驚きました」とこの学習をしなかったら抱かなかった思いを書き記していることがわかります。

2　2時間目

「ねらい」は「川越まつりの起源や変化について文献資料や図絵，写真をもとに調べ，学習問題を考える」です。1時間目で川越まつりについての興味・関心を子どもたちに抱いてもらったあと，「いつどこでこの祭りが始まったのか」という疑問を出発点として単元全体の学習問題を考えていきます。

「なぜ始まったのか」という問いから年表を活用する学習を進めます。読み取る中で「380年前に起きた大火の復興策」であったことがわかります。そこで「昔の祭りの様子（絵図）」と「今の祭りの様子（写真）」を比較するように促します。その結果「時期や時間の経過」からの変化は見られるものの，「祭りの様子」は370年の間，ほとんど変化していないことに気づかせます。これで「370年も変わらずに祭りを続けてきたのはなぜか」という学習問題に自然につなげることができます。

1章
板書型指導案のススメ

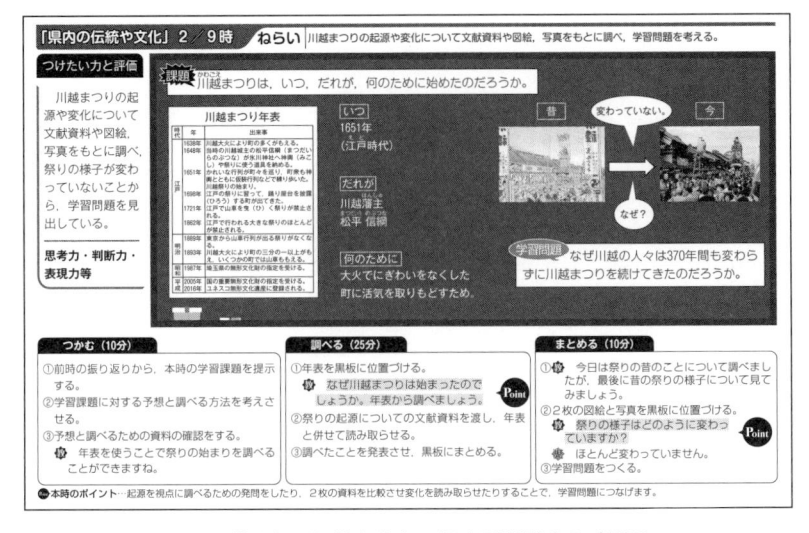

図4 「県内の伝統文化」の板書型指導案2時間目

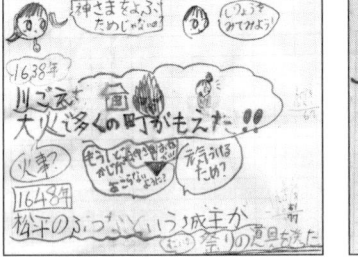

図5 年表を読み取ったノート

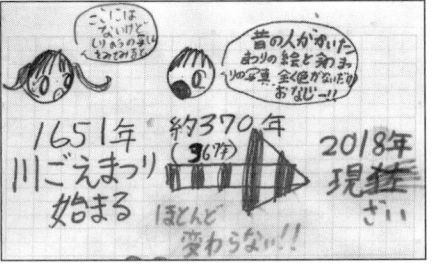

図6 絵図と写真を比べたノート

　2時間目の子どもたちのノートが図5と図6です。

　図5は年表を読み取ったときのことを書いています。赤い文字で「大火で多くの町がもえた」という気づきを，とても大々的に記述しています。この祭りの起源はしっかりと記憶に残ることでしょう。

　図6は昔と今の祭りの様子を比較して読み取ったことを書いたノートです。白黒とカラーのちがいだけでほとんど同じであることをしっかりと感動的に書いています。

　このあと，4，5，6時間と見学学習に入りました。川越まつりの一般的な特徴と歴史的な流れについて事前に知識を入手し，かつ，370年という長い年月の間，「祭りの様子」が変わらずに続けてこられたのはどうしてだろうという多くの誰もが抱く明確な学習問題をもって見学学習に入りました。多くの子どもたちが意欲的に参加できました。

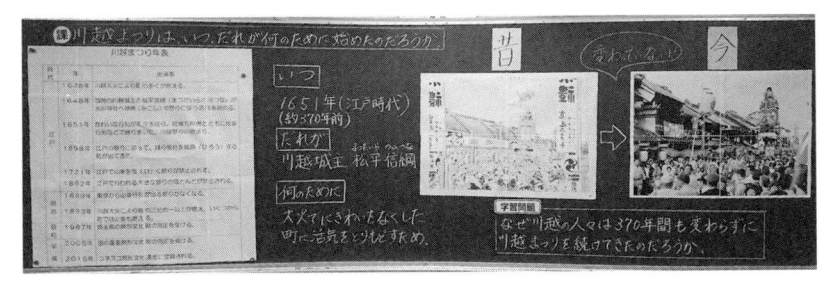

図7　2時間目の実際の板書

3　8時間目

図8　「県内の伝統文化」の板書型指導案8時間目

　見学学習を終えてからの7時間目を経て，8時間目。「ねらい」は「これまで調べてきたことを振り返り，学習問題の結論を導き出す」です。2時間目に子どもたちとつくった「370年も変わらずに祭りを続けてきたのはなぜか」という学習問題の解決を図ります。今まで学習してきたことを整理することで結論が導き出されるであろうという考えから，「時期や時間の経過」に着目して捉えられるように左から右側へと時系列での板書構造を考えました。

　時系列で板書を記述していく段階で，その都度「祭りの起源から現在までの間には何があったのでしょうか」「現在の取り組みは昔から続いてきたのでしょうか」という発問を交えていきました。

　その結果，子どもたちは，祭りが始まってから現在までの間に，大火，水害，戦争など祭りの存続に関わる危機があったことを確認し，その都度，危機を乗り越えようとする当時の人々の取り組みがあったことを知ることができました。

　これら一連の学習したことをまとめるために，「このような取り組みを続けてきた人々の願いや思いはどのようなものであったのでしょうか」という発問をしました。

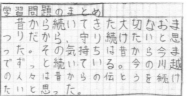

図9　8時間目の子どもたちの振り返りノート

　子どもたちのノートには「大切なおまつりだから，守り続けたいと思った。その気持ちは昔から今までずっと続いている」とか「次の世代の人が楽しめるように守ってほしい」というように，祭りを保存，継承していく取り組みとともに人々の思いや願いも受け継がれてきたことを考えることができています。時間を越えた人々の取り組みと願いや思いを関連づけたり総合したりすることで，学習問題の結論を導き出したと言えるでしょう。

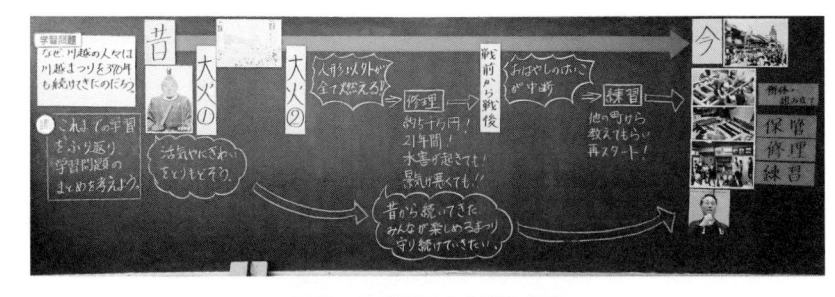

図10　8時間目の実際の板書

図11　8時間目の授業の様子

以上が，実践モデルです。

◆板書型指導案を活用するときのコツ

板書型指導案を活用するときのコツを最後に3つ挙げておきます。

1　単元全体を俯瞰しておくこと

　新しい単元に入る際，パラパラと単元分だけめくっていただき，単元の流れを把握してから1時間の授業を始めてください。前後の流れを把握した上で本時の授業を進めることで，より効果的な授業を展開できると思います。

2　とらわれすぎないこと

　板書型指導案の通りに板書をすることが本時の目的ではありません。板書型指導案はあくまでも「案」なのです。そして，この「案」は「プラン（計画）」のことを指すのであり，「プログラム（実施すると決まっていること）」のことを指すわけではありません。

　授業は「生もの」です。その時々によって，目の前にいる教師が「こうした方がよりよい」と思うことを選び取り，その先生と子どもたちでしかできない授業を創り出していってください。

3　子どもたちの考えを大切にすること

　授業の主人公は子どもたちです。

　板書にしても，教室にいる子どもたち全員が本時の目標に到達するための学びのコンパスの役割と考えます。先生方は板書型指導案という「地図」を片手に，子どもたちとのやりとりの中で実際に描いていく「板書」を通して本時の目標達成に導いてあげられるように構成していってほしいと思います。

2章

授業の流れが一目でわかる！
社会科3年板書型指導案

「身近な地域や市の様子」 1／17時

ねらい 自分たちのまちにはどのような施設や場所があるか話し合い，まちの様子に関心をもつ。

つけたい力と評価

イラストをヒントにして，まちの様子について話し合おうとしている。

主体的に関わろうとする態度

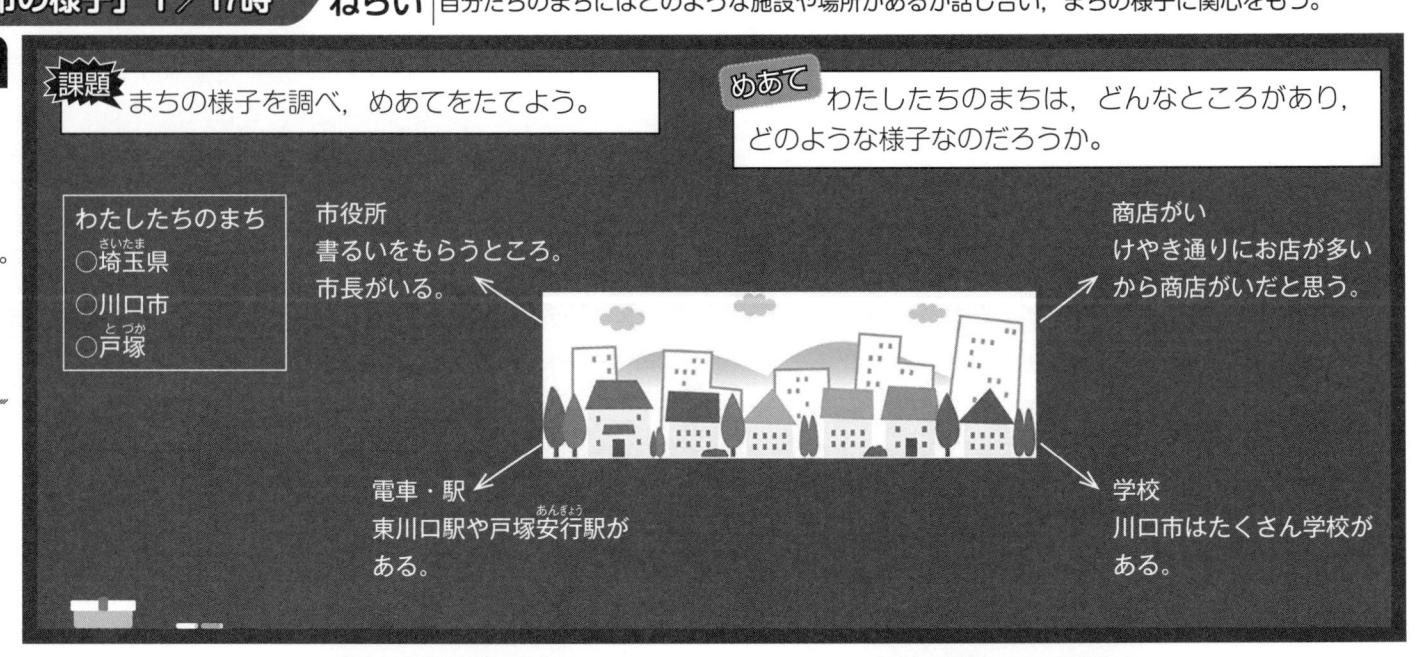

課題 まちの様子を調べ，めあてをたてよう。

めあて わたしたちのまちは，どんなところがあり，どのような様子なのだろうか。

わたしたちのまち
○埼玉県
○川口市
○戸塚

市役所
書るいをもらうところ。
市長がいる。

商店がい
けやき通りにお店が多いから商店がいだと思う。

電車・駅
東川口駅や戸塚安行駅がある。

学校
川口市はたくさん学校がある。

つかむ（5分）

①年賀状の住所を見て，自分たちが住んでいるまちの名称を確認する。

教 みんなが住んでいるのはどこですか。

児 埼玉県，川口市，戸塚

＊漢字も確認する。

②本時の学習課題を提示する。

調べる（30分）

①教科書のイラストから，川口市にもある施設や場所を調べて，発表し合う。 **Point**

児 電車や駅があります。川口市には東川口駅があります。

②気づいたことや疑問を話し合う。

教 公民館は何をするところなのかな。

児 剣道の練習をするところだと思う。

まとめる（10分）

①単元のめあてを確認する。

②本単元では，学校のまわりの様子，市の様子を学習することを伝える。

③本時の振り返りを書く。

Point 本時のポイント…イラストをヒントにして，自分たちのまちにもあるものとつなげることで，実際のまちの様子への関心を高めます。

2章 授業の流れが一目でわかる！社会科3年板書型指導案

① 身近な地域や市の様子
② 地域に見られる仕事（生産）
③ 地域に見られる仕事（販売）
④ 地域の安全を守る働き（消防）
⑤ 地域の安全を守る働き（警察）
⑥ 市の様子の移り変わり

「身近な地域や市の様子」 2・3／17時

ねらい 学校のまわりの様子を写真から調べ、学習問題を立てる。

つけたい力と評価

自分たちの住んでいる地域の様子に関心をもち、四方位の様子を調べ、理解している。

知識及び技能

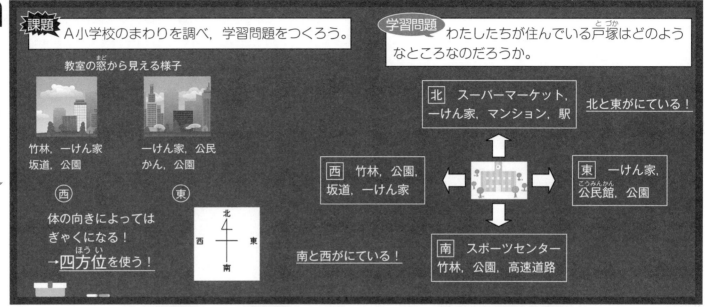

板書：
- 課題：A小学校のまわりを調べ、学習問題をつくろう。
- 学習問題：わたしたちが住んでいる戸塚はどのようなところなのだろうか。
- 教室の窓から見える様子
  - 竹林, 一けん家, 坂道, 公園（西）
  - 一けん家, 公民かん, 公園（東）
- 体の向きによってはぎゃくになる！→四方位を使う！
- 北：スーパーマーケット, 一けん家, マンション, 駅
- 西：竹林, 公園, 坂道, 一けん家
- 東：一けん家, 公民館, 公園
- 南：スポーツセンター, 竹林, 公園, 高速道路
- 北と東がにている！
- 南と西がにている！

つかむ（10分）

①教室の窓から見える様子を写真で提示して、窓から見えるものを発表させる。 **Point**
②2枚の写真がどの窓から見た様子なのかを確認し、体の向きがちがうと方向が異なってしまうことに気づかせる。→四方位を知る。
③本時の学習課題を提示する。

調べる（50分）

①四方位ごとの写真をテレビや電子黒板で提示し、様子を調べる。 **Point**
②気づいたこと、気になったことを話し合う。
 似ているところやちがうところはありますか。

まとめる（30分）

①学習問題をつくる。
②屋上で方位磁針を使って四方位を調べ、写真で観察した場所を実際に観察する。 **Point**
③直接は見えなくても、どんなところがあるのか、生活経験などから出し合い、どのようなところなのか予想をノートに書かせる。

本時のポイント…写真で観察したあとに実際に見学をすることで、児童が視点を定めて見ることができるようになります。

「身近な地域や市の様子」 4／17時

ねらい 地図から学校のまわりにどんなところがあるのか調べ，表にまとめ，学習問題の答えを書く。

つけたい力と評価

学校のまわりの様子について地図を使って調べ，どのようなところなのか理解している。

知識及び技能

課題 わたしたちのまち戸塚(とづか)はどんなところか，地図でくわしく調べ，学習問題に答えよう。

学習問題のけつろん わたしたちのまち戸塚は，南と西に一けん家と公園，竹林が多い。北は，マンションが駅の方向にある。東がわは，一けん家が多く，公園や公民館もある。

北 スーパーマーケット，一けん家，マンション，駅ドラッグストア，ケーキ屋

西 竹林，公園，坂道，一けん家，コンビニエンスストア，122号線，飲食店

東 一けん家，公民館(こうみんかん)，公園，体育館，飲食店，お店がたくさんある道

南 スポーツセンター竹林，公園，高速道路マンション1とう，花屋さん，戸塚安行駅(あんぎょう)

地図記号を入れた絵地図
（実際に見学に行くことが可能であれば，見学に行き，地図を作成した方が実感をもって理解できる。）
（例）

つかむ（5分）

①前時で調べたA小学校のまわりの様子を振り返らせる。＊模造紙などにまとめておき，黒板に貼れるようにする。
②本時の学習課題を提示する。
③地図記号を使った絵地図を提示し，方位と記号を確認する。＊地図記号を知る。

調べる（30分）

①地図からどのような施設や場所があるか調べさせ，前時のワークシートに書き加える。 **Point**
＊板書の下線部分が本時で発見したもの。
②気づいたこと，気になったことを発表し合う。
🐙 お店はまとまっているところがある。大きな道沿いは多いんじゃないかな？

まとめる（10分）

①学習問題の結論を書かせる。
「わたしたちのまち戸塚は南に…がある。」と文を示し，特徴を穴埋め形式で記述させる。
②2～4時を通して，学習の仕方を一通り行ったことを確認する。

Point 本時のポイント…ワークシートに書き加えて行くことで学習の連続性，さらに調べた発見などがわかります。時間ごとに色を変えて書くとわかりやすいです。

「身近な地域や市の様子」 5／17時

ねらい 2つの学校のまわりの様子を写真や絵地図で調べ，ちがいに気づき疑問をもつ。

つけたい力と評価

資料や絵地図からそれぞれの学校のまわりの様子について必要な情報を読み取り，表にまとめている。

知識及び技能

課題 A小学校とB小学校のまわりの様子をくらべて，表にまとめよう。

まとめ どちらの学校も家が多いところがにている。A小学校のまわりは，一けん家や森林が多く，B小学校のまわりはマンションやお店が多いところがちがう。

	東	西	南	北
A	一けん家，公民館，公園，体育館，飲食店，お店がたくさんある道	竹林，公園，坂道，一けん家，コンビニエンスストア，122号線，飲食店	スポーツセンター，竹林，公園，高速道路，マンション，花屋，戸塚安行駅	スーパーマーケット，一けん家，マンション，駅，ドラッグストア，ケーキ屋
B	一けん家，ビル，交番，郵便局，お店がたくさんある道	駅へ続く道，神社，バスが多い。マンションが多い。一けん家が見えない。	一けん家が少しある。公園，学校，川が見える。スーパーマーケットなど	ビルが多く，駅が近い。病院やデパートが多くある。人も多い。

同じ市なのにちがいが多い。
市全体はどうなっているのかな？
→ 川口市全体を調べよう！

つかむ（10分）

①A小学校のまわりの様子を振り返りながら黒板上段にまとめたものを提示する。
②B小学校の写真を1枚提示し，全然ちがうことから，調べようとする意欲を高める。
③本時の学習課題を提示する。

調べる（25分）

①テレビや電子黒板等でB小学校の屋上から見える様子を四方位ごとに提示して調べさせる。
②テレビや電子黒板等で方角ごとに写真を並列させて比較し，気づいたことを発表し合う。
　教 2つの学校のまわりのちがうところはどんなところですか。似ていることは何ですか。 **Point**

まとめる（10分）

①本時のまとめを書かせる。
　＊似ているところとちがうところを書くように助言する。
②お互いのまとめを読み合い，振り返りをする。
③これからどんなことを調べたいかを話し合い，視点を市全体へと向けていく。

本時のポイント…2枚の写真を拡大して並列させることで，直接比較することができ，ちがいや似ていることを調べることができます。

「身近な地域や市の様子」 6／17時

ねらい 2つの地域の様子を比較して表にまとめ，新たな学習問題を立てる。

つけたい力と評価

市内2つの学校の様子を比較して表にまとめ，市全体へ関心をもち学習問題を表現している。

思考力・判断力・表現力等

課題 A小学校とB小学校の地図をくらべて，川口市の様子を考えよう。

新たな学習問題 わたしたちの住んでいる川口市は，どのようなところがあってどのような様子なのだろうか。

A小学校		B小学校
坂道 小さな川	土地のようす	平らな道 大きな川
一けん家	建物	マンション・ビル
道ぞいに多い スーパーマーケット コンビニ	お店	駅前に多い デパート
東川口駅 戸塚安行駅	電車	川口駅 川口元郷駅
お寺・神社	古いもの	お寺・神社
畑 公園や公民館	その他	工場 公園や公民館，学校

市の地図

川口市内のたったの2か所

〈予想〉
・どこかから土地が高くなっている。
・お店は駅前に多い。
・駅のまわりはビルが多い。
・コンビニエンスストアはどこにでもある。

つかむ（5分）

①本時の学習課題を提示する。
②調べる観点を示す。
③地図を教室の壁に掲示して，地図記号を確認する。

調べる（30分）

①A小学校のまわりの様子をこれまで調べたことをもとに話し合い，表にまとめる。 **Point**
②B小学校のまわりの様子を地図と前時のノートを資料にして表にまとめる。
③調べたことを全体で確認し，気づいたことや疑問に思ったことを発表し合う。

まとめる（10分）

①川口市全体の地図を提示し，2か所だけでも多くのちがいがあることを確認し，新たな学習問題を提示する。
②予想を書かせる。
　教 他の場所はどうなっているのかな？
※2つの学校の比較表は，今後も使用するので，教室に掲示する。

本時のポイント…2つの学校を丁寧に調べたあとに比較する時間を取ることで，学習が混乱しないようにします。

「身近な地域や市の様子」 7／17時

ねらい 川口市の位置や市の地区を調べ、市の様子や地域の様子を理解する。

つけたい力と評価

市の位置や市の地区の位置を調べ、どのような位置関係になっているのか理解している。

知識及び技能

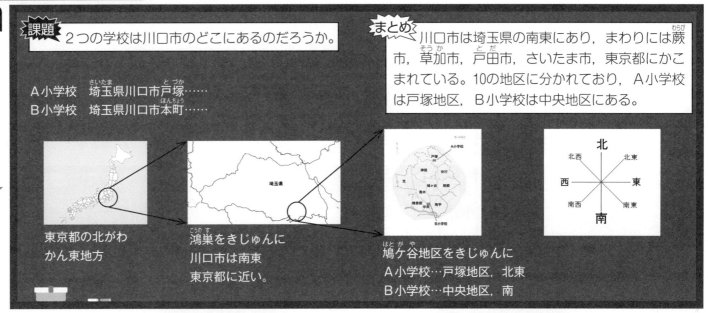

課題 2つの学校は川口市のどこにあるのだろうか。

A小学校　埼玉県川口市戸塚（とつか）……
B小学校　埼玉県川口市本町（ほんちょう）……

東京都の北がわ
かん東地方

鴻巣（こうのす）をきじゅんに
川口市は南東
東京都に近い。

まとめ 川口市は埼玉県の南東にあり、まわりには蕨（わらび）市、草加市（そうか）、戸田市（とだ）、さいたま市、東京都にかこまれている。10の地区に分かれており、A小学校は戸塚地区、B小学校は中央地区にある。

鳩ケ谷（はとがや）地区をきじゅんに
A小学校…戸塚地区、北東
B小学校…中央地区、南

つかむ（5分）

①本時の学習課題を提示する。
②学校の住所を板書し、埼玉県の位置を地図帳で調べて白地図に着色をする。
③埼玉県の位置を方位で表す。＊基準を決めて方位を示すことをおさえる。**教** 東京に赤で点を打ってください。そこを基準にして、埼玉県はどの方位にありますか。 **Point**

調べる（30分）

①埼玉県の地図を提示し、川口市の位置、方位を調べて着色をする。＊四方位では表せないので必然的に八方位を使うことになる。
②川口市の地図を提示し、地区の名前を調べて、2つの学校の地区を着色させる。
③川口市のまわりの市や都道府県を調べさせる。

まとめる（10分）

①本時のまとめを書かせる。
②本時のまとめを発表し合い、学習を振り返らせる。

Point 本時のポイント…基準を赤で印を付けることで、方位を調べやすくなります。このあとの時間で市内の様子を見比べるときにも役立ちます。

2章

授業の流れが一目でわかる！社会科3年板書型指導案

「身近な地域や市の様子」 8／17時

ねらい 白地図を着色することを通して市の地形について調べて，理解する。

つけたい力と評価

白地図に台地と低地の広がりと河川の広がりを調べて着色し，市の地形について理解している。

知識及び技能

課題 川口市の地形はどのようになっているのだろうか。

A小学校　　　B小学校

2つの学校の前の道路

坂道　　　　　平らな道
高いところ　　低いところ
＝台地　　　　＝低地

戸塚地区は台地，中央地区は低地？
川は，北から南の方へ？

まとめ 川口市は，北から東がわに台地，南から西がわに低地が広がっている。

台地…北から東がわに多い。
低地…南から西がわに多い。

川はたてに流れている。
　→北から南
　東京を通って，東京わんへ。

土地の様子の白地図

つかむ（10分）

①教室横に掲示してあるA小学校とB小学校の比較表をもとに，観点ごとに調べていくことを確認する。
②2つの学校の前の通りを比較し，台地と低地を理解させる。＊模型などを使うとより理解がしやすい。
③本時の学習課題を提示する。

調べる（25分）

①白地図を配布して，台地と低地を着色させ，広がりについて気づいたことを発表し合う。　**Point**
②川や水路を着色し，名称やその広がりについて気づいたことを発表し合う。
③地図帳を使い，川は東京都，東京湾に流れていっていることを理解させる。

まとめる（10分）

①A小学校とB小学校の位置を確認する。
②本時のまとめを書かせる。
③本時のまとめを読み合い，本時の学習を振り返らせる。

本時のポイント…白地図に着色作業，特徴をつかむ，これまでの地図と重ねて共通点などを探すという流れで学習を行います。

①身近な地域や市の様子
②地域に見られる仕事（生産）
③地域に見られる仕事（販売）
④地域の安全を守る働き（消防）
⑤地域の安全を守る働き（警察）
⑥市の様子の移り変わり

2章 授業の流れが一目でわかる！社会科3年板書型指導案

「身近な地域や市の様子」 9／17時

ねらい 白地図を着色することを通して住宅が多いところを調べて，理解する。

つけたい力と評価

白地図に住宅が多いところを調べて着色し，市の人口が多いところを理解している。

知識及び技能

課題 川口市の住たくが多いところはどこなのだろうか。

まとめ 川口市は，低地に多くの人が住んでいる。台地の方では，東川口駅付近（ふきん）に住たくが多い。

＜予想＞
・低地：マンションが多い。
・中央：川口駅がある。
・駅の近く：電車や店がある。

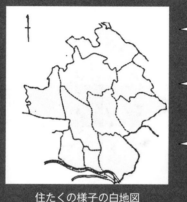

住たくの様子の白地図

住たく 市の南がわから南西にかけて多い。北がわに一部，多いところがある。

地区 中央，横曽根（よこそね），青木，芝（しば），南平（なんぺい）が多い。戸塚（とづか）と新郷（しんごう）は半分。神根（かみね）は一部だけ。

市の地形 低地に多いが，戸塚地区の半分は台地だけれど住たくが多い。

つかむ（5分）

①本時の学習課題を提示する。
②前時までに作成した白地図（日本地図，県の地図，市の地域，地形）を使って，どこに家が多いか予想をノートに書き，発表し合う。

調べる（30分）

①白地図を配布し，住宅が多いところを着色してその広がりについて調べ，ノートに書かせる。
②全体で発表し合う。
③本時の地図から言えること以外に，地形との関連，地区の地図から言えることを，地図を重ねたりして調べ，発表し合う。 **Point**

まとめる（10分）

①本時のまとめを書かせる。
②本時のまとめを読み合い，学習を振り返らせる。

Point ●本時のポイント…本時の地図を調べたあと，既習の地図と比較しながら調べることで，関係性を見つけることができます。

「身近な地域や市の様子」10／17時

ねらい 白地図を着色することを通して店が多いところを調べて，理解する。

つけたい力と評価

白地図に店が多いところを着色し，他の様子との関連や理由を調べている。

知識及び技能

課題 川口市のお店が多いところはどこなのだろうか。

まとめ お店は多いところはかならず住たくも多い。お店が集中しているところは，駅の近くなのではないか。

＜お店の多いところ予想＞

低地：住たくが多いから。
駅前：人が通るから。
　　　大きな道：車が多いから。

お店分布の白地図

お店 お店が多いところが４か所かたまっている。

住たく 家が多いところにお店も多い。

地区 中央，横曽根，芝，鳩ケ谷，戸塚が多い。＝これは駅！

市の地形 台地にも，低地にもある。

つかむ（5分）

①本時の学習課題を提示する。
②前時までに作成した白地図を使って，どこに店が多いか予想をもたせる。

調べる（30分）

①白地図を配布し，お店が多いところを着色してその広がりについて調べ，ノートに書かせる。
②本時の地図から言えること以外に，地形との関連，地区の地図から言えることを，地図を重ねたりして調べ，発表し合う。

Point

まとめる（10分）

①本時のまとめを書かせる。
②本時のまとめを読み合い，学習を振り返らせる。

Point 本時のポイント…授業が進むにつれて，比較する地図が増えていきます。「これと関係ありそう！」と予想できるようになるとよいでしょう。

「身近な地域や市の様子」11／17時

ねらい 白地図を着色することを通して田畑が多いところを調べて，理解する。

つけたい力と評価

白地図に田畑が多いところを調べて着色し，他の特徴との関係性を理解している。

知識及び技能

課題 川口市の畑が多いところはどこなのだろうか。

＜予想＞
低地：マンションが多い。
中央：川口駅がある。
駅の近く：電車や店がある。

まとめ 川口市にある畑は，安行，神根，戸塚地区の台地に多く，植木やぼうふうをさいばいしている。

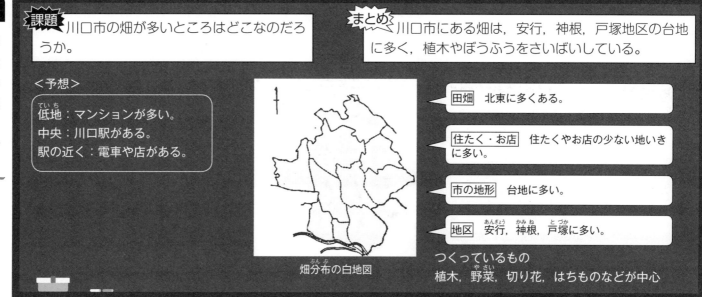

畑分布の白地図

- 田畑　北東に多くある。
- 住たく・お店　住たくやお店の少ない地いきに多い。
- 市の地形　台地に多い。
- 地区　安行，神根，戸塚に多い。

つくっているもの
植木，野菜，切り花，はちものなどが中心

つかむ（5分）
①本時の学習課題を提示する。
②前時までに作成した白地図を使って，どこに家が多いか予想をもたせる。

調べる（30分）
①白地図を配布し，畑が多いところを着色してその広がりについて調べ，ノートに書かせる。
②本時の地図から言えること以外に，地形との関連，地区の地図から言えることを，地図を重ねたりして調べ，発表し合う。
③田畑でどのようなものをつくっているのか調べる。 **Point**

まとめる（10分）
①本時のまとめを書かせる。
②本時のまとめを読み合い，学習を振り返らせる。

本時のポイント…実際に農家の方から，植物を見せていただいたり，写真などを使ってクイズ形式にしてもよいでしょう。

2章 授業の流れが一目でわかる！社会科3年板書型指導案

「身近な地域や市の様子」 12／17時

ねらい 白地図を着色することを通して工場が多いところを調べて，理解する。

つけたい力と評価

白地図に工場が多いところを調べて着色し，他の特徴との関係性を理解している。

知識及び技能

課題 川口市の工場が多いところはどこなのだろうか。

まとめ 川口市にある工場は，川の近くの低地に多い。新郷や南平には工業団地がある。その工場では，主にいものやつりざお，いんさつ物をつくっている。

<工場が多いところ予想>

低地：B小学校のまわり
・南の方：家が少ないから。
・川ぞい：中央地区の中で家が少ないから。

工場分布の白地図

工場・田畑 南東に工場。畑のない地いき。

住たくや**お店**が多いところに工場がある。

市の地形 工場は低地に多い。川ぞいにも多い。

地区 中央，横曽根，南平，新郷に多い。

つかむ（5分）

①本時の学習課題を提示する。
②前時までに作成した白地図を使って，工場が多い場所を予想して，発表し合う。

調べる（30分）

①白地図を配布し，工場が多いところを着色してその広がりについて調べさせる。
②本時の地図から言えること以外に，地形との関連，地区の地図から言えることを，地図を重ねたりして調べ，発表し合う。
③工場でどのようなものをつくっているのか調べる。 **Point**

まとめる（10分）

①本時のまとめを書かせる。
②本時のまとめを読み合い，学習を振り返らせる。

Point 本時のポイント…工場の方々に協力してもらい，実物に触れることができると実感をもつことができる。

「身近な地域や市の様子」13／17時

ねらい　公共施設がどこにあり，どのような役割を担っているのかを調べ，理解する。

つけたい力と評価

公共施設がどこにあるか地図に表し，中心的な役割を市役所が担っていることを調べ，理解している。

知識及び技能

課題　川口市にはどこに公共しせつがあり，どのような役わりをしているのだろうか。

まとめ　公共しせつは川口市全体にあり，市役所が運えいしている。さいがいのときはひなん所になる。

公共しせつ
　＝市のみんなのしせつ

学校，公園，スポーツセンター，体育館，公民館，役所，市役所，あすぱる→児童館，図書館，文化センターなど

市役所が運えい

市役所

公共しせつの分布

|公共しせつ| どの地区にも，図書館や公民館，学校がある。……ひなん所にもなる。

住たくやお店が多いところにも，畑が多いところにも，工場が多いところにもある。

市内全体にしせつがある。
みんなが使えるようにするため。
ひなん所にも使われるため。

つかむ（5分）
①本時の学習課題を書く。
②公共施設について知っていることを出し合い，何が公共施設にあたるのか，またその名称を理解させる。
　教　公共施設って何ですか。
　児　学校，あすぱる（→児童館と正す）

調べる（30分）
①公共施設を調べて白地図に着色し，その広がりについて発表し合う。
②他の地図と重ねて，畑や工場とちがって市内全体に施設があることを理解させる。
③教科書や映像を見て市役所が公共施設を運営していること，避難所にもなることを理解させる。

まとめる（10分）
①本時のまとめを書かせる。
②本時のまとめを読み合い，学習を振り返らせる。

本時のポイント…市役所の働きについて，映像資料などを活用して理解しやすいようにします。

2章 授業の流れが一目でわかる! 社会科3年板書型指導案

「身近な地域や市の様子」14／17時

ねらい 白地図の着色作業を通して，交通の様子とその広がりを理解する。

つけたい力と評価

白地図の着色作業と，他の地図と重ね合わせて，交通の広がりと，市の様子について調べ，理解している。

知識及び技能

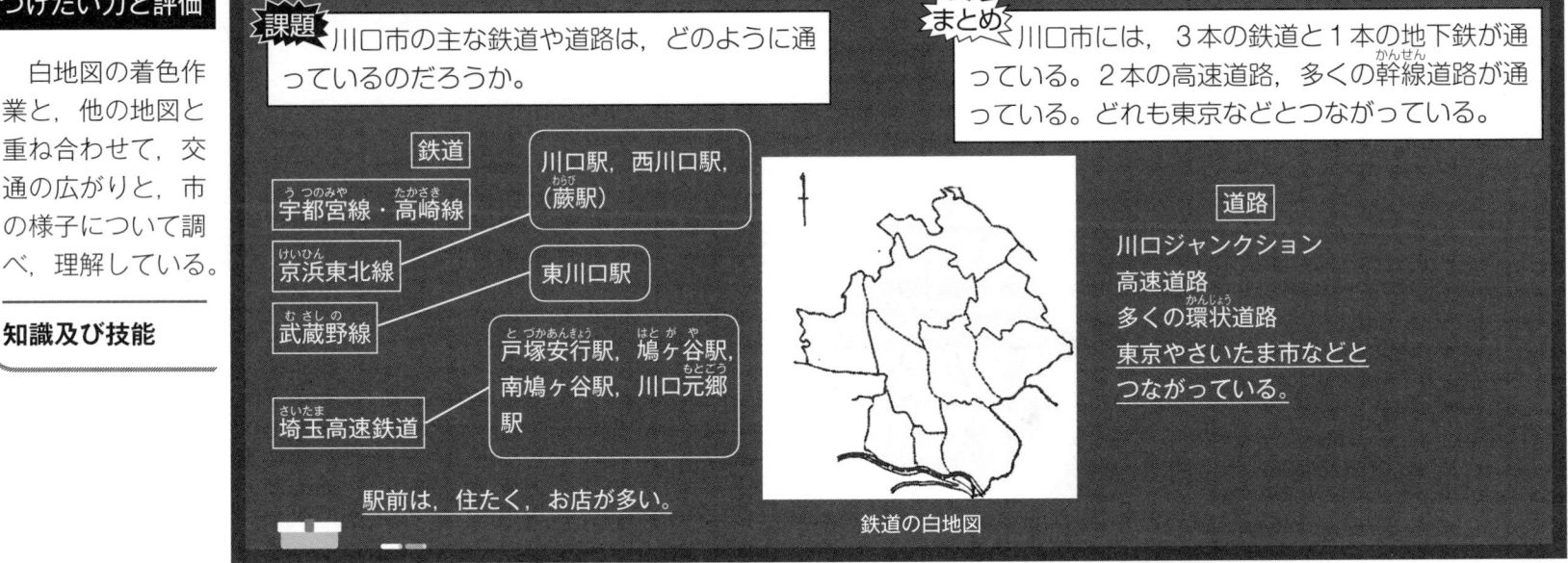

課題 川口市の主な鉄道や道路は，どのように通っているのだろうか。

まとめ 川口市には，3本の鉄道と1本の地下鉄が通っている。2本の高速道路，多くの幹線道路が通っている。どれも東京などとつながっている。

鉄道

宇都宮線・高崎線
京浜東北線
武蔵野線
埼玉高速鉄道

川口駅，西川口駅，(蕨駅)

東川口駅

戸塚安行駅，鳩ヶ谷駅，南鳩ヶ谷駅，川口元郷駅

駅前は，住たく，お店が多い。

鉄道の白地図

道路

川口ジャンクション
高速道路
多くの環状道路
東京やさいたま市などとつながっている。

つかむ（5分）

①本時の学習課題を提示する。

②知っている電車，駅，道路を出し合い，場所をこれまでの地図を使って予想させる。 **Point**

鼎 店が多いところは駅の近くだと思う。家が多い場所に駅があると思う。

調べる（30分）

①白地図に電車と駅を着色し，他の地図と重ね合わせて気づいたことを発表し合う。

②白地図に高速道路や幹線道路を着色し，他の地図を重ね合わせて気づいたことを発表し合う。 **Point**

まとめる（10分）

①本時のまとめを書かせる。

②本時のまとめを読み合い，学習を振り返らせる。

Point 本時のポイント…駅や道路は児童は生活の中で知っていることがあります。知識は素早くおさえ，そのあとの他の地図との関連に時間をかけます。

2章 授業の流れが一目でわかる！社会科3年板書型指導案

「身近な地域や市の様子」 15／17時

ねらい 川口市にある古くから残るものを調べ，御成街道沿いに多くあることを理解する。

つけたい力と評価

白地図に表して，古くから残るものが御成街道沿いに多くあることを調べ，理解している。

知識及び技能

課題 川口市に古くから残るものはどのようなものがあるのだろうか。

まとめ 川口市には日光御成街道があり，その周辺にはれきし的な建物が残っている。

＜古くから残るもの＞
神社，お寺，一里塚（いちりづか），貝塚，宿場町

日光御成街道（にっこうおなりかいどう）
江戸～日光
将軍（しょうぐん）がお参（まい）りに行くときに通った。

川口宿…江戸からの船のわたし場
鳩ケ谷宿（はとがや）…宿場町

つかむ（10分）
①本時の学習課題を提示する。
②学校のまわりにあるお寺などの写真や言い伝えを読み，地域の身近なところにも古くから残るものが残されていることを理解させる。
③その他の市内にある古くから残るものを写真で提示し，気づいたことや様子について交流し合う。

調べる（25分）
①古くから残るものの場所を白地図に赤で点を打っていき，道があることに気づかせる。 **Point**
　教　点を打ってみて，何か気づいたことはありませんか。
　児　一直線になっている！　御成街道だ！
②御成街道，川口宿，鳩ケ谷宿について理解させる。

まとめる（10分）
①本時のまとめを書かせる。
②本時のまとめを読み合い，学習を振り返らせる。

本時のポイント…位置を白地図に示し，直線になるところの道を発見することで，御成街道を導き出す。

2章 授業の流れが一目でわかる！社会科3年板書型指導案

「身近な地域や市の様子」16／17時

ねらい 川口市の様子を整理して，学習問題の答えを書く。

つけたい力と評価

市の地図を振り返り，表に整理して，学習問題の答えを考え，表現している。

思考力・判断力・表現力等

課題 調べたことをもとに，学習問題に答えよう。

学習問題 わたしたちの住んでいる川口市は，どのようなところがあってどのような様子なのだろうか。

学習問題のけつろん 川口市は，駅の周辺にお店が多く，住宅も多い。南がわが低地で住宅や工場が多く，北がわが台地で畑が広がっている。また，市の真ん中には御成街道が通っている。

調べたこと	調べたけっか
土地の様子	川口市は埼玉県の中の南東にある。北は台地で南は低地が広がっている。
住たく	低地に住たくが多く，東川口駅の周辺は台地であるが住たくが多い。
お店	駅の周辺に多くある。鳩ヶ谷の商店がいが御成街道にある。
田畑	台地に多い。
工場	低地，川ぞいに多い。
公共しせつ	市全体にある。市役所が運えいしている。
電車	3本の鉄道と1本の地下鉄。高速道路と多くの幹線道路が通っている。
古くから残るもの	日光御成街道ぞいにお寺や神社，一里塚が残っている。

つかむ（5分）

①本時の学習課題を提示する。
②学習問題を確認する。

調べる（20分）

①今まで学習した地図やノートを見ながら学習を振り返らせ，板書上で表にまとめる。
＊児童はノートを取らずに，黒板の前に集まり，ノートを振り返りながらまとめていく。

まとめる（20分）

①学習問題の答えを書く。
2回目の学習問題の答えであることを踏まえて，穴埋め式で書かせてもよい。
②単元の振り返りを書かせる。
初めて知ったことやこれまでは考えたこともなかったことなどを書かせる。

Point

本時のポイント…初めてなので，学習問題に対して答えを書けるようにするために，表の言葉を順に使って穴埋めで書くようにします。

---

① 身近な地域や市の様子
② 地域に見られる仕事（生産）
③ 地域に見られる仕事（販売）
④ 地域の安全を守る働き（消防）
⑤ 地域の安全を守る働き（警察）
⑥ 市の様子の移り変わり

「身近な地域や市の様子」 17／17時

ねらい 調べてきたことをもとに、川口市のPRポスターをつくる。

つけたい力と評価

これまで調べてきたことをもとにして、川口市の様子をポスターに表現している。

思考力・判断力・表現力等

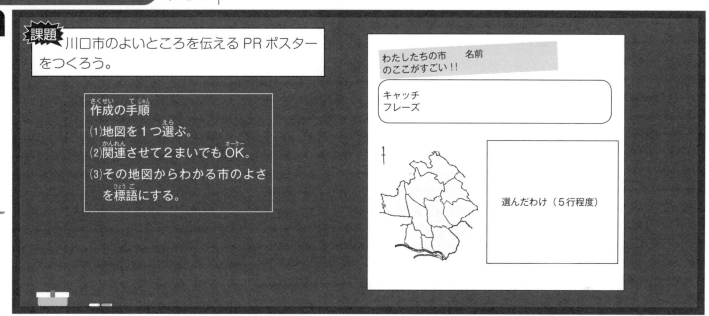

【課題】川口市のよいところを伝えるPRポスターをつくろう。

作成の手順
(1) 地図を1つ選ぶ。
(2) 関連させて2まいでもOK。
(3) その地図からわかる市のよさを標語にする。

わたしたちの市　名前
のここがすごい!!

キャッチフレーズ

選んだわけ（5行程度）

つかむ（5分）
①本時の学習課題を提示する。
②作成の手順を説明する。
③キャッチフレーズの書き方を確認する。
　＊国語の学習と関連させて行うと作成しやすい。

調べる（5分）
①学習を振り返り、これまで学習の中で使用した市の地図を1つ選択させる。
②地図を利用して、市のよさをPRする文章を考えて書かせる。

まとめる（35分）
①地図を書いて、PRポイントをまとめる。
②できた作品をお互いに見せ合い、コメントし合う。
③できあがったポスターを市の施設等にお願いをして掲示してもらい、市への参画意識を養う。 **Point**

本時のポイント…市の施設などに掲示していただけるようお願いをしておくと、調べたことを多くの人に発信することができます。

「地域に見られる仕事（生産）」 1／12時

ねらい 川口市には様々な仕事をしている人がいることに気づき，これからの学習に興味・関心をもつ。

つけたい力と評価

川口市内には様々な仕事をしている人がいることに気づき，これからの学習に興味・関心をもとうとしている。

主体的に関わろうとする態度

課題 川口市には，どのような仕事をしている人がいるのだろうか。

めあて 川口市ではたらく人の仕事の様子や，わたしたちの生活とのかかわりを調べよう。

<ものをつくる仕事>
・いもの工場
・畑

<ものを売る仕事>
・本屋
・花屋
・肉屋

<その他の仕事>
・郵便局
・警察官
・消防士

つかむ（5分）

①本時の学習課題を提示する。
 ＊前小単元で地域の地図を作成している場合，それを提示する。

調べる（25分）

①2年生のまち探検のときの様子や生活体験を振り返り，どんな仕事をしている人がいたか発表し合わせる。
 ＊前小単元の学習で地域探検に行った場合には，その体験を想起させます。
②子どもたちの発言を大きく3つに分けて板書していく。 **Point**

まとめる（15分）

①板書で3つに分けられた仕事は，どのような仕事と言えるか話し合わせる。
 ・ものをつくる　・ものを売る　・その他
②これからの学習内容を知らせる。
 ・ものをつくる仕事　・ものを売る仕事
③めあてを提示し，確認する。

本時のポイント…子どもの発想で「ものをつくる仕事」に，「パン屋」「ケーキ屋」等を挙げる場合があるが，「ものを売る仕事」に分けます。（農業と工業が「つくる仕事」）

「地域に見られる仕事（生産）」 2／12時

ねらい 川口市の鋳物製品に触れ，ものをつくる仕事に興味・関心をもつ。

つけたい力と評価

川口市では様々なものをつくっていることを理解し，鋳物をつくる仕事に興味・関心をもとうとしている。

主体的に関わろうとする態度

【課題】川口市では，どこで，どのようなものをつくっているのだろうか。

【まとめ】川口市では，南がわにいもの工場が多くあり，すぐれたいものせい品がつくられている。

川口市のあいうえお
- あ 荒川
- い いもの
- う 植木
- え 映像ミュージアム
- お 御成道

  オートレース

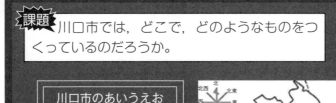

＜いものづくり＞
- 市の南がわ＝低地
- 新郷，青木，中央地区
- いもの工場が多い。

- すぐれたいものせい品
- ホットパン
- オリンピック聖火台

つかむ（10分）

① 前時の学習を想起させる。
　・ものをつくる仕事　・ものを売る仕事
② 本時の学習課題を提示する。
　🏫 前に勉強したことを思い出しましょう。川口市では，どんなものをつくっていたかな。
③ 本小単元は，「ものをつくる仕事」について学習することを伝える。

調べる（25分）

① 川口市のポスター「あいうえお」を提示し，事実を確認する。
② 前小単元でまとめた地図を提示し，工場の分布を調べさせる。　**Point**
③ 分布について子どもの発言をもとに板書する。
④ 実際の鋳物製品に触れさせる。
　 重い。きれい。誰がつくっているのかな？

まとめる（10分）

① 本時のまとめを書かせる。
② （時間があれば）鋳物組合のPR動画や企業のHPなどで，鋳物製品の優れた点などに触れさせる。

本時のポイント…市内の地図上に，鋳物工場のある場所にシールを貼るなどして提示すると，空間的な見方が働いて，産地の分布をつかませることができます。

2章

授業の流れが一目でわかる! 社会科3年 板書型指導案

「地域に見られる仕事（生産）」 3／12時

ねらい 鋳物が生活で使われていることに気づき，写真を見て疑問に思ったことから学習問題をつくる。

つけたい力と評価

身の回りには，様々な鋳物製品が使われていることに気づき，学習問題を考え，表現している。

――――――――

思考力・判断力・表現力等

課題 いものをつくる仕事について学習問題をつくろう。

まとめ わたしたちの身の回りでは，たくさんのいものせい品が使われている。

いものせい品
・じゃ口
・習字の文ちん
・鉄ぼう
・電車のレール
↓
身の回りで，たくさん使われている。

<知りたいこと・ぎもんに思ったこと>
・あつくないのか。あぶなくないのか。
・火事にならないのか。
・何でできているのか。
・どうやってつくっているのか。

学習問題 いもの工場の人たちは，どのような仕事をしているのだろうか。

つかむ（15分）

①本時の学習課題を提示する。
②身の回りで使われている鋳物製品を提示する（写真等）。
③どんなものに鋳物製品が使われているか話し合わせ，身近なもので，つなぎ目のない金属製品であるという共通点に気づかせる。

調べる（20分）

①本時の学習のまとめを書かせる。
②鋳物工場の写真を提示する。
③写真を見て，学習のはじめに思ったことをノートに書かせる。
④発表し合い，知りたいことや疑問に思ったことについて話し合わせる。

Point

まとめる（10分）

①話し合って出された疑問を整理し，学習問題をつくる。
②本時の振り返りを書かせる。
教 学習問題について，「○○な仕事だと思います。わけは…」という形で，振り返りを書きましょう。

本時のポイント…単元の導入で書いた「学習のはじめに思ったこと」は，単元の終末で再び同じ写真を見て考えたことと比べさせることで，自己の変容に気づかせます。

① 身近な地域や市の様子
② 地域に見られる仕事（生産）
③ 地域に見られる仕事（販売）
④ 地域の安全を守る働き（消防）
⑤ 地域の安全を守る働き（警察）
⑥ 市の様子の移り変わり

「地域に見られる仕事（生産）」 4／12時

ねらい 学習問題をもとに，学習計画と見学計画を立てる。

つけたい力と評価

鋳物工場の仕事について調べる内容と方法を考え，見学・調査の計画を立てている。

思考力・判断力・表現力等

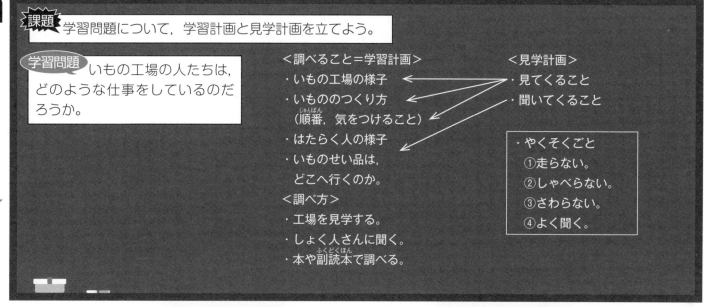

課題 学習問題について，学習計画と見学計画を立てよう。

学習問題 いもの工場の人たちは，どのような仕事をしているのだろうか。

＜調べること＝学習計画＞
・いもの工場の様子
・いもののつくり方
　（じゅんばん，気をつけること）
・はたらく人の様子
・いものせい品は，どこへ行くのか。

＜調べ方＞
・工場を見学する。
・しょく人さんに聞く。
・本や副読本（ふくどくほん）で調べる。

＜見学計画＞
・見てくること
・聞いてくること

やくそくごと
①走らない。
②しゃべらない。
③さわらない。
④よく聞く。

つかむ（15分）

①本時の学習課題を提示する。
②学習問題を確認し，板書する。
　＊大きめの画用紙等に書いておくと，必要なときにさっと提示できるので便利です。

調べる（20分）

①学習計画を話し合わせる。
　教 どんなことを調べていきますか？
　→児 つくり方を調べたいです。
　→教 つくり方で，どんなところを調べたいかな？
　→児 何に気をつけているか調べたい。
②調べ方を話し合わせる。

まとめる（10分）

①見学計画を話し合わせる。
　教 工場の中を見学したり，職人さんに話を聞いたりするときに，気をつけることを確認しましょう。
②話し合ったことを「やくそくごと」として確認する。

本時のポイント…学習計画を立てるときは，児童の発言を問い返すことで，より具体的な視点を引き出し，板書していくと見学の視点ももたせられます。

2章

授業の流れが一目でわかる！社会科3年板書型指導案

「地域に見られる仕事（生産）」5・6／12時

ねらい 鋳物工場の様子を見学し，見聞きしたことをノートに書きまとめる。

つけたい力と評価

見学・調査したことを整理し，自分の気づきや考えをノートに書きまとめている。

知識及び技能

課題 見学計画にそって，安全に工場見学をしよう。

学習問題 いもの工場の人たちは，どのような仕事をしているのだろうか。

＜見学計画＞
・見てくること
・聞いてくること

・やくそくごと
①走らない。
②しゃべらない。
③さわらない。
④よく聞く。

つかむ（10分）

①身支度をし，持ち物を確認する。
②学校を出発する前に再度，確認する。
・学習問題
・見学計画　**Point**
・約束事

調べる（60分）

①工場見学やインタビューをさせる。
＊見学のポイント
・工場のまわりの様子や，天井や床にも工夫があることに気づかせる。
・働いている人の服装や足元も見る。
・工場の人の話を一方的に聞くのではなく，適宜，教師が間に入る。

まとめる（20分）

①帰校後，できるだけすぐに，見聞きしたことをノートに記録させる。

Point 本時のポイント…学習問題を確認することで目的意識が生まれ，見学計画や約束事が何のためにあるのかを意識させることができます。

① 身近な地域や市の様子

② 地域に見られる仕事（生産）

③ 地域に見られる仕事（販売）

④ 地域の安全を守る働き（消防）

⑤ 地域の安全を守る働き（警察）

⑥ 市の様子の移り変わり

「地域に見られる仕事（生産）」 7／12時

ねらい　見学で見聞きしたことをもとに，自身の疑問を解決するとともに，さらに調べたいことを見出す。

つけたい力と評価

工場見学で見聞きしたことをもとに，自身の疑問を解決するとともに，さらに調べたいことを見出している。

思考力・判断力・表現力等

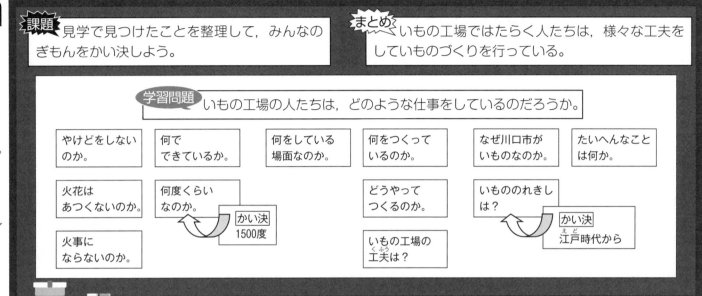

課題　見学で見つけたことを整理して，みんなのぎもんをかい決しよう。

まとめ　いもの工場ではたらく人たちは，様々な工夫をしていものづくりを行っている。

学習問題　いもの工場の人たちは，どのような仕事をしているのだろうか。

- やけどをしないのか。
- 何でできているか。
- 何をしている場面なのか。
- 何をつくっているのか。
- なぜ川口市がいものなのか。
- たいへんなことは何か。
- 火花はあつくないのか。
- 何度くらいなのか。　→ かい決 1500度
- どうやってつくるのか。
- いもののれきしは？　→ かい決 江戸時代から
- 火事にならないのか。
- いもの工場の工夫は？

つかむ（10分）

①本時の学習課題を提示する。
②第4時で話し合った，子どもたちの疑問を短冊に切った画用紙に書いておき，提示する。
＊ラシャ紙に，似た内容同士を分類して貼っておくと，提示も簡単で，そのまま教室に掲示できます。

調べる（30分）

①見学メモをもとに，すでに解決した疑問の答えを見つけ，発表し合わせる。
＊解決した疑問には，答えを書いた紙を，上から貼り付ける。
②未解決の疑問を確認させる。

まとめる（5分）

①本時のまとめを書かせる。
②未解決の疑問は，今後も，追究していくことを伝える。

本時のポイント…このラシャ紙は教室内に掲示しておき，学習が進むのに合わせて，解決した疑問にはその都度，答えを上から貼っていきます。

2章 授業の流れが一目でわかる！社会科3年板書型指導案

「地域に見られる仕事（生産）」 8／12時

ねらい 見学・調査でわかったことをもとに話し合い，鋳物のつくり方や厳しい検査をしていることを理解する。

つけたい力と評価

見学メモや資料を活用して話し合ってまとめ，鋳物のつくり方や厳しい検査をしていることについて理解している。

知識及び技能

課題 どのようにして，いものせい品をつくっているのだろうか。

まとめ よいせい品をつくるために，きびしいけんさをしている。たとえば…

砂型（すながた）をつくる → 湯をとかす → 型に流しこむ → 型から取り出す → けずる・みがく → 出荷する

1500度？

かたまったか？

砂は落ちたか？ 5mm以上のキズないか？

5mm以上のキズないか？

よいせい品をつくるため
↑　何のため？
＜つくるための工夫（くふう）＞
・何度もけんさする。
・ダメならやり直す。
・砂をまた使う。
・やくわり分たん

つかむ（10分）

①本時の学習課題を提示する。
②生産工程が書かれたカードを配布する。
③工場見学後に書いたノートの記録をもとに，自分なりにカードを正しい順番に並べ替えさせる。

調べる（25分）

①カードの順番を話し合って決定させる。
②教　問題なく，一方通行でつくられるんだね？
　児　ちがう。やり直していたよ。
　児　失敗したら，また溶かしてつくり直す。**Point**
③ふりだしに戻る矢印を板書する。
④他にも同じようなことはないか，話し合わせる。
⑤何のための工夫なのか，話し合わせる。

まとめる（10分）

①本時の学習のまとめを書かせる。
　教　「たとえば」に続けて，今日学習したことを使って説明しましょう。

Point 本時のポイント…「やり直す」ことを矢印で表して可視化することで，「なぜ，そこまで手間をかけるのか」という疑問を引き出します。

「地域に見られる仕事（生産）」9／12時

ねらい　工場で使われる道具や施設・設備について調べ、よりよい製品をつくるためであることを理解する。

つけたい力と評価

工場で使われる機械や道具の工夫を調べ、よりよい製品をつくるためであることを理解している。

知識及び技能

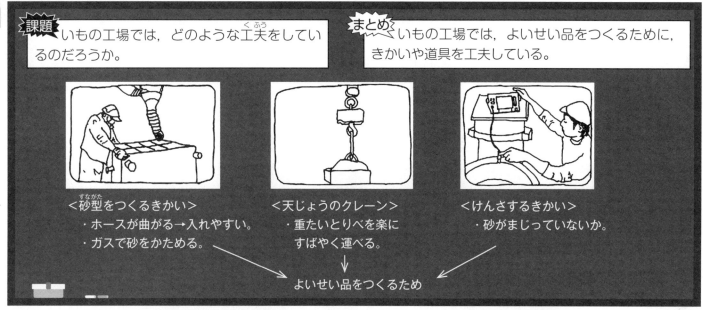

課題　いもの工場では、どのような工夫をしているのだろうか。

まとめ　いもの工場では、よいせい品をつくるために、きかいや道具を工夫している。

＜砂型（すながた）をつくるきかい＞
・ホースが曲がる→入れやすい。
・ガスで砂をかためる。

＜天じょうのクレーン＞
・重たいとりべを楽にすばやく運べる。

＜けんさするきかい＞
・砂がまじっていないか。

→ よいせい品をつくるため

つかむ（10分）

①本時の学習課題を提示する。
②写真資料を提示する。
③課題について予想をノートに書かせる。

調べる（25分）

①砂を入れる機械について、どんな工夫があるか話し合わせる。
②天井のクレーン、検査する機械について同様に話し合わせる。
③何のための工夫なのか話し合う。
　　これらの工夫は、結局、何のためにしているのでしょうか。　**Point**

まとめる（10分）

①まとめの文型を板書する。
　「いもの工場では、　　ために　　している。」
　　今日の授業で学習したことから、空欄に言葉を入れてまとめを書きましょう。

本時のポイント…「結局、何のために様々な工夫をしているのだろう」という視点に気づかせることで、本時のねらいに迫る問いをもたせることが大切です。

2章 授業の流れが一目でわかる！社会科3年板書型指導案

「地域に見られる仕事（生産）」10／12時

ねらい 鋳物製品の行き先を調べ，地域の人々の生活に使われていることを理解する。

つけたい力と評価

鋳物製品の行き先を調べ，地域の人々の生活や他地域と関わっていることを理解している。

知識及び技能

課題 いものせい品は，どこへ運ばれているのだろうか。

まとめ いものせい品は，わたしたちのくらしや地いき，川口市で使われている。また，埼玉県内や日本各地，外国でも使われている。

いものせい品の行き先
・川口市内……………樹モール商店がい
・埼玉県内(かくち)……………学校の正門，フェンス，水道，鉄ぼう
・日本各地　　　　　道路，がいとう，店
・中国，ブラジル

<u>他の県や外国へも運ばれている。</u>　　<u>身近な身の回りでも使われている。</u>

つかむ（10分）

①第8時で調べた鋳物の生産工程を確認する。
②本時の学習課題を提示する。
③予想をノートに書かせる。

調べる（25分）

①資料や工場見学のメモをもとに，川口市内や埼玉県内，日本各地，外国などに出荷されていることを調べさせる。
②㊙ 川口市内とあるけど，具体的にどこで使われているんだろうね？
③資料や生活体験から，地域探検でまとめた白地図にシールを貼らせる。**Point**

まとめる（10分）

①本時のまとめを書かせる。**Point**
＊2文で書くことを指示する。
㊙ まず，身の回りで使われていることについてまとめましょう。次に，それ以外の場所で使われていることについてまとめましょう。

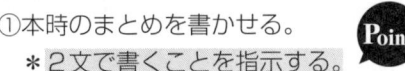**本時のポイント**…白地図上にまとめたり，2文に分けてまとめたりすることで，地域の人々の生活で使われていることをしっかりとおさえることができます。

---

① 身近な地域や市の様子
② 地域に見られる仕事（生産）
③ 地域に見られる仕事（販売）
④ 地域の安全を守る働き（消防）
⑤ 地域の安全を守る働き（警察）
⑥ 市の様子の移り変わり

2章 授業の流れが一目でわかる！社会科3年 板書型指導案

「地域に見られる仕事（生産）」11／12時

ねらい これまでに学習したことをもとに、学習問題の結論を導き出し、それに対する自分の考えを書く。

つけたい力と評価

これまでに学習したことをもとに、学習問題の結論を導き出し、それに対する自分の考えを文章で表現している。

思考力・判断力・表現力等

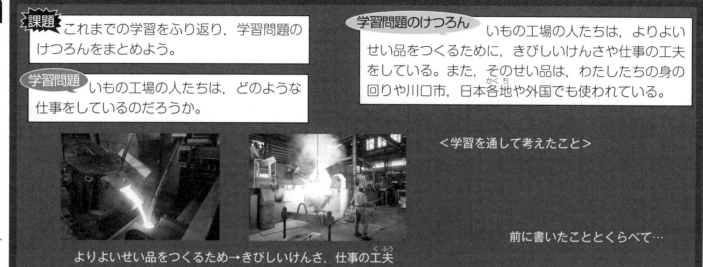

【課題】これまでの学習をふり返り、学習問題のけつろんをまとめよう。

【学習問題】いもの工場の人たちは、どのような仕事をしているのだろうか。

【学習問題のけつろん】いもの工場の人たちは、よりよいせい品をつくるために、きびしいけんさや仕事の工夫をしている。また、そのせい品は、わたしたちの身の回りや川口市、日本各地や外国でも使われている。

＜学習を通して考えたこと＞

前に書いたことくらべて…

よりよいせい品をつくるため→きびしいけんさ、仕事の工夫

つかむ（5分）
①本時の学習課題を提示する。
②学習問題を確認する。

調べる（25分）
①前時までの学習で使った資料を提示しながら今までの学習を振り返らせる。
　教　鋳物はどのようにつくられていましたか？
　児　（ノートを開いて説明し合う）鋳物は……
②学習問題の結論につなげられるよう、ポイントとなる言葉を板書していく。

まとめる（15分）
①振り返ったことをもとに、学習問題の結論をノートにまとめさせる。
　教　振り返ったことをもとにして、学習問題の結論をまとめましょう。結論は、学習問題の答えとなるような文章で書きましょう。
②机間指導で意図的指名をし、発表させる。
③学習を通して考えたことを書かせる。 **Point**

本時のポイント…第2時で使った写真を再び提示し、「学習を通して、この写真を見て考えたこと」を書かせ、第2時と比べさせることで、自己の変容を自覚させます。

2章

授業の流れが一目でわかる！社会科3年板書型指導案

「地域に見られる仕事（生産）」12／12時

ねらい 鋳物についてポスターを書く活動を通して，自分の住む地域社会に対する誇りと愛情をもつ。

つけたい力と評価

鋳物を紹介するポスターを書く活動を通して，自分の住む地域社会に対する誇りと愛情をもとうとしている。

主体的に関わろうとする態度

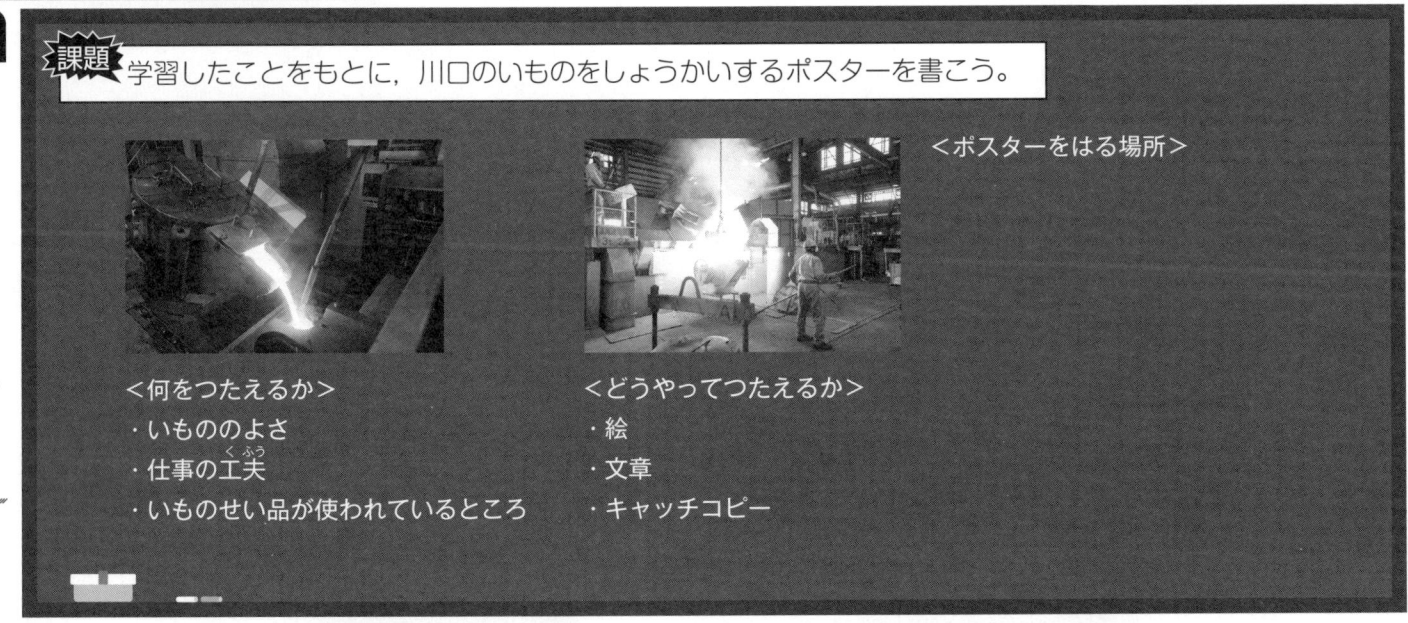

課題 学習したことをもとに，川口のいものをしょうかいするポスターを書こう。

＜ポスターをはる場所＞

＜何をつたえるか＞
・いもののよさ
・仕事の工夫
・いものせい品が使われているところ

＜どうやってつたえるか＞
・絵
・文章
・キャッチコピー

つかむ（5分）

①川口市の鋳物業界の抱える問題を説明する。
　・あまり市民に知られていないこと
　・市内の工場が減っていること
②本時の学習課題を提示する。
　教　鋳物のよさを伝えるポスターを書いて，地域の方に伝えましょう。
　＊掲示場所を伝える。

調べる（10分）

①ポスターの用紙サイズ等を伝える。
②前時までの学習で使った写真や資料を提示する。
③何を伝えるか，どうやって伝えるかについて，話し合わせる。
　教　これまでのノートを開いて，自分が伝えたいことを話し合いましょう。

まとめる（30分）

①副読本やこれまでのノートを参考にして，ポスターを書かせる。
＊前時に書いた鋳物に対する自分の考えを，ポスターの中に書かせる。　**Point**
＊書いたポスターを互いに見合い，思いを伝え合う。

本時のポイント…これまでに学習した事実だけを書くのではなく，自分の考えを書かせることで，誇りと愛情をもたせることをねらいとしています。

50

① 身近な地域や市の様子

② 地域に見られる仕事（生産）

③ 地域に見られる仕事（販売）

④ 地域の安全を守る働き（消防）

⑤ 地域の安全を守る働き（警察）

⑥ 市の様子の移り変わり

「地域に見られる仕事（販売）」 1／14時

ねらい 地域にある店，よく行く理由やよさを話し合い，お店の仕事に関心をもつ。

つけたい力と評価

地域にある店を出し合い，よく行く店や，分類について進んで話し合おうとしている。

主体的に関わろうとする態度

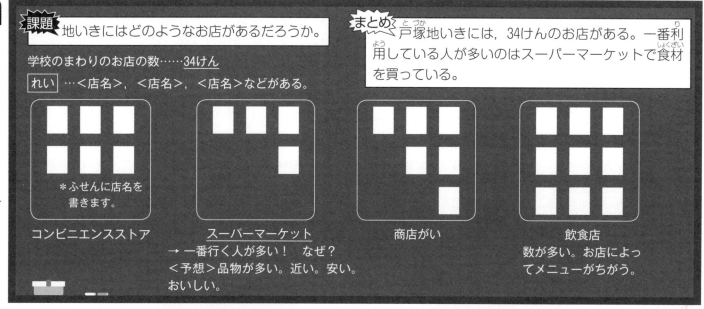

つかむ（5分）

①板書「34」 教 何の数字でしょうか？
　＊クイズ形式で授業を始め，関心をもたせる。
②「お店」とは何か，どんなところがあるか話し合い，種類を話し合う。
③本時の学習課題を提示する。

調べる（30分）

①学校のまわりの絵地図を提示し，店を調べて付箋に書き，黒板に貼っていく。
②4つのグループに分けてお店を分類し，よく行く店や経験を話し合う。
③お家の人のアンケートから，スーパーマーケットを利用する人が多いことを知らせ，その理由を話し合う。 **Point**

まとめる（10分）

①本時のまとめを書かせる。
②まとめを読み合い，学習の振り返りをさせる。
　＊アンケートを保護者から回収する際は，児童に見られないよう工夫し，結果を授業で見せられるようにすると意欲づけになる。

●本時のポイント…アンケートを事前に実施し，本時では「一番行くお店の種類は？」だけ結果を見せます。アンケートは事前に回収，集計を済ませておきます。

2章 授業の流れが一目でわかる！社会科3年板書型指導案

「地域に見られる仕事（販売）」 2／14時

ねらい 2つのお店のチラシを読み比べて，疑問を話し合い，学習問題をつくる。

つけたい力と評価

チラシには，お客さんを引き付けるための工夫があることに気づき，学習問題を表現している。

思考力・判断力・表現力等

課題 2つのお店のチラシを読みくらべ，学習問題をつくろう。

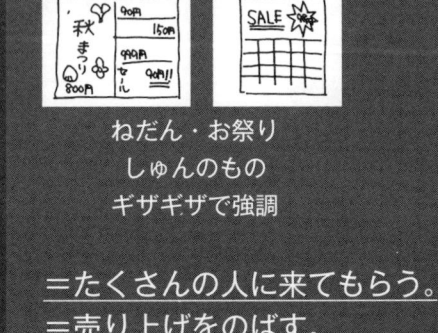

ねだん・お祭り
しゅんのもの
ギザギザで強調

＝たくさんの人に来てもらう。
＝売り上げをのばす。

スーパーマーケット
店内写真

スーパーマーケット
店内写真

学習問題 スーパーマーケットは，売り上げをのばすためにどのような工夫をしているのだろうか。

＜思ったこと，ぎもん＞
・どこに何があるの？
・ならべ方は決まりがあるの？
・お店の人が心がけていることは？
・売り上げを上げるために工夫していることは？
・たいへんなことは？

つかむ（10分）

①本時の学習課題を提示する。
②チラシを2枚配布し，書かれていることを話し合い，企画欄と日替わり欄などのチラシの構成や特徴を話し合わせる。

調べる（20分）

①チラシが配られている理由を考え，売り上げを伸ばすためにチラシが工夫してつくられていることを理解させる。
②店内の写真を提示し，写真から読み取れる売り上げを伸ばすための工夫を話し合わせる（2ケ所，別々の売り場）。 **Point**
③気づいたことや思ったことを全体で交流する。

まとめる（15分）

①話し合って出された疑問を整理して，学習問題をつくる。
②本時の振り返りを書かせる。
＊単なる学習感想ではなく，どんな工夫があるのか予想して書くことができるようにする。生活経験や，チラシの工夫から関連させて書けるとよい。

Point 本時のポイント…具体的な写真を提示し，観察することでそれ以外の様子にも興味がわき見学への動機づけ，視点づくりができます。

① 身近な地域や市の様子
② 地域に見られる仕事（生産）
③ 地域に見られる仕事（販売）
④ 地域の安全を守る働き（消防）
⑤ 地域の安全を守る働き（警察）
⑥ 市の様子の移り変わり

「地域に見られる仕事（販売）」 3／14時

ねらい　学習問題をもとに、学習計画と見学計画を立てる。

つけたい力と評価

お店の仕事について調べる内容と方法を考え、見学・調査の計画を立てている。

思考力・判断力・表現力等

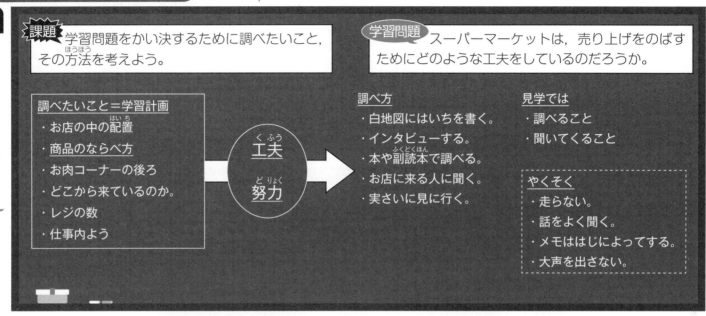

課題　学習問題をかい決するために調べたいこと、その方法を考えよう。

学習問題　スーパーマーケットは、売り上げをのばすためにどのような工夫をしているのだろうか。

調べたいこと＝学習計画
- お店の中の配置
- 商品のならべ方
- お肉コーナーの後ろ
- どこから来ているのか。
- レジの数
- 仕事内よう

→ 工夫 努力 →

調べ方
- 白地図にはいちを書く。
- インタビューする。
- 本や副読本で調べる。
- お店に来る人に聞く。
- 実さいに見に行く。

見学では
- 調べること
- 聞いてくること

やくそく
- 走らない。
- 話をよく聞く。
- メモははじによってする。
- 大声を出さない。

つかむ（10分）
① 本時の学習課題を提示する。
② 学習問題を確認する。

調べる（25分）　**Point**
① 前時で出し合った疑問を出し合う。
② 整理して学習計画を作成する。
　＊やりとりを通して疑問を深化させていく。
③ どのように調べるか、調べ方を話し合い、見学の日程を児童に伝える。

まとめる（10分）
① 見学で調べることに青線を引き、明確にする。
② 見学計画を立てる。
③ 見学の約束を確認する。

Point 本時のポイント…児童の調べたいことは、言葉が足らないことがあるので、ここで整理しどうしたら調べられるか話し合い、問いの質を高めていきます。

2章 授業の流れが一目でわかる！社会科3年板書型指導案

① 身近な地域や市の様子
② 地域に見られる仕事（生産）
③ 地域に見られる仕事（販売）
④ 地域の安全を守る働き（消防）
⑤ 地域の安全を守る働き（警察）
⑥ 市の様子の移り変わり

「地域に見られる仕事（販売）」4・5／14時

ねらい スーパーマーケットの様子を見学し，見聞きしたことをノートにまとめる。

つけたい力と評価

見学・調査したことを整理し，自分の気づきや考えをノートにまとめている。

知識及び技能

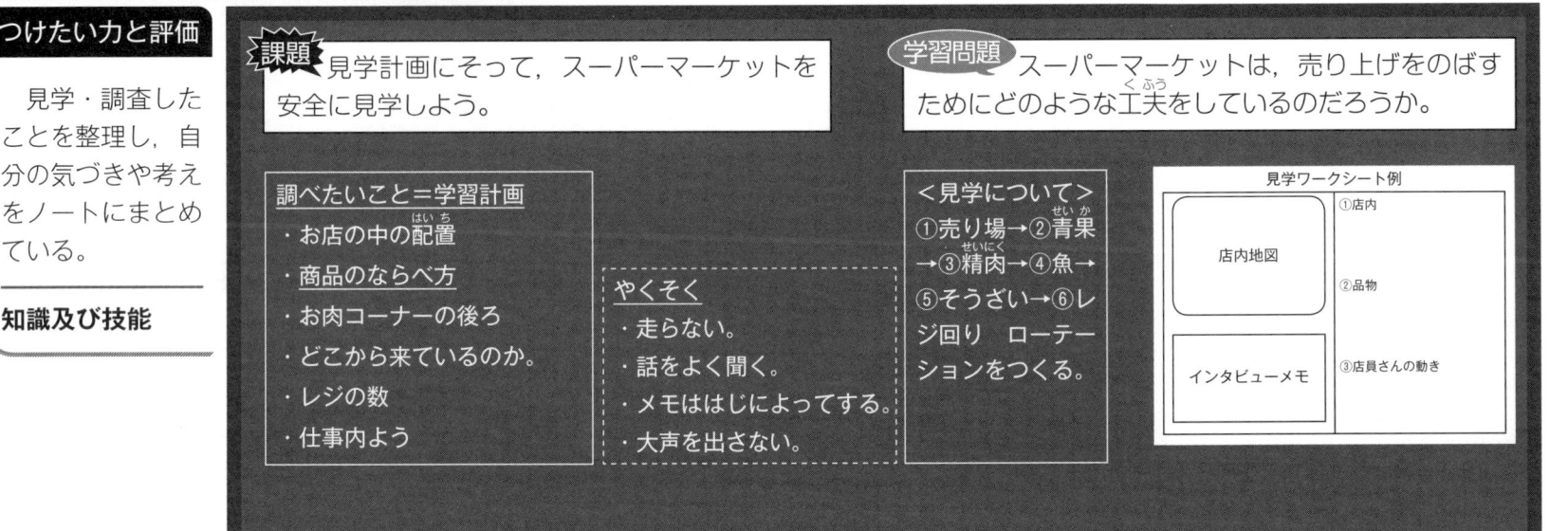

課題 見学計画にそって，スーパーマーケットを安全に見学しよう。

学習問題 スーパーマーケットは，売り上げをのばすためにどのような工夫をしているのだろうか。

調べたいこと＝学習計画
・お店の中の配置（はいち）
・商品のならべ方
・お肉コーナーの後ろ
・どこから来ているのか。
・レジの数
・仕事内よう

やくそく
・走らない。
・話をよく聞く。
・メモははじによってする。
・大声を出さない。

＜見学について＞
①売り場→②青果（せいか）
→③精肉（せいにく）→④魚→
⑤そうざい→⑥レジ回り　ローテーションをつくる。

見学ワークシート例

店内地図
インタビューメモ

①店内
②品物
③店員さんの動き

つかむ（5分）

①学校を出発する前に再度確認をする。
・学習問題
・見学計画 **Point**
・約束

調べる（65分）

①小グループに分かれて，時間で分けて店内をローテーションして見学させていただく。
＊グループに1人教員か保護者がついて安全を見守る。
②インタビューをする。＊児童の質問をまとめて，動画を撮らせていただく方法もある。

まとめる（20分）

①帰校後，発見したことや，聞いたことを「調べたいこと」とつなげてノートに記録させる。

Point 本時のポイント…学習問題を確認することで目的意識が生まれ，見学計画や約束事が何のためであるかを意識づけしやすくなります。

「地域に見られる仕事（販売）」 6／14時

ねらい 見学で見つけたことを出し合い，お店の工夫や努力について調べる。

つけたい力と評価

スーパーマーケットは，お客さんがたくさん来るために努力や工夫していることを理解している。

知識及び技能

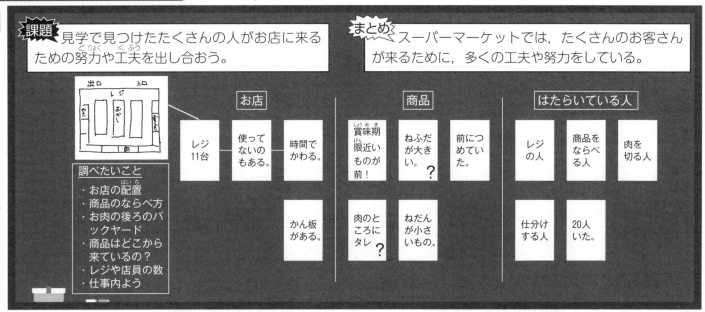

つかむ（10分）
①本時の学習課題を提示する。
②前時にノートにまとめた「見学で発見したこと」を振り返らせる。

調べる（25分）
①見学で発見したことを付箋に書かせ，発表し合う。＊大きめの付箋に書くことで，関連させたり，移動させたりすることができる。
②関係していることや疑問点を話し合い，板書で整理をする。＊線で結んだり，「？」を付けたりする。 **Point**

まとめる（10分）
①本時のまとめを書かせる。＊今日の授業でわかったことをまとめ，疑問点をこれから調べていこうと動機づけをする。
②友達のまとめを読み合い，見学の成果を実感させる。

本時のポイント…見学で調べたことでわかったことと，新たな疑問を整理することで何を調べていくのか明確にすることができます。

2章

授業の流れが一目でわかる！社会科3年板書型指導案

「地域に見られる仕事（販売）」 7／14時

ねらい スーパーマーケットの配置の相似点を調べ，工夫していることを理解する。

つけたい力と評価

お客さんが多くの商品に目が行くようにつくりが工夫されていることを理解する。

知識及び技能

課題 なぜ，お店の配置はどの店もにているのだろうか。

にている!!

・バックヤードに近いから。
・よく買うから。
・そういう決まりがあるから。
・かん板があると見やすいから。

まとめ スーパーマーケットは，マグネットという方法で，よく売れるものを外がわに配置して売り上げをのばす工夫をしている。

お買い物ランキング
1　野菜
2　肉
3　魚
4　飲み物
5　お菓子

 店長さんの話

よく買うものがまわりにある。
外回りで買い物をする。

マグネット
お客さんが動きやすい。
多くの品物が目に入る。

つかむ（5分）

①見学に行ったお店の配置図を提示し，どこに何が配置されていたか確認する。
②ちがう店舗の配置図を提示して比較し，似ていることを理解させる。
③本時の学習課題を書く。
④予想を話し合う。

調べる（30分）

①お家の方に取ったアンケートのスーパーマーケットで買うものランキングを提示し，配置図に順位を書き関連性を話し合わせる。 **Point**

児　1位〜4位はすべてまわりにある。売れるものを外側に配置してある。
②店長さんのインタビューを視聴する。

まとめる（10分）

①本時のまとめを書かせる。
②まとめを読み合い，学習を振り返らせる。

Point 本時のポイント…アンケートの結果を活用し，日常的に買うものを外側に配置していることを発見できるようにします。

56

① 身近な地域や市の様子
② 地域に見られる仕事（生産）
③ 地域に見られる仕事（販売）
④ 地域の安全を守る働き（消防）
⑤ 地域の安全を守る働き（警察）
⑥ 市の様子の移り変わり

「地域に見られる仕事（販売）」 8／14時

ねらい 見学で見つけたことや資料から，商品を売るために行っている工夫を調べる。

つけたい力と評価

見学したり聞いたりしたことから，商品をどのように並べているかを調べ，理解している。

知識及び技能

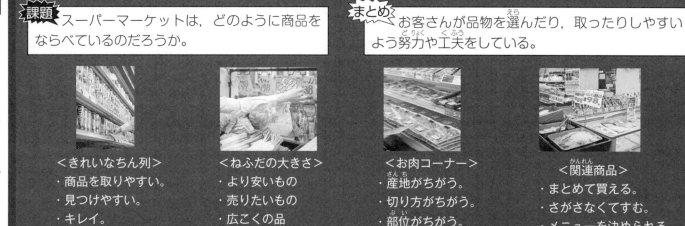

課題 スーパーマーケットは，どのように商品をならべているのだろうか。

まとめ お客さんが品物を選んだり，取ったりしやすいよう努力や工夫をしている。

＜きれいなちん列＞
・商品を取りやすい。
・見つけやすい。
・キレイ。

＜ねふだの大きさ＞
・より安いもの
・売りたいもの
・広こくの品
→大きくしている！

＜お肉コーナー＞
・産地がちがう。
・切り方がちがう。
・部位がちがう。
・ねだんがちがう。

＜関連商品＞
・まとめて買える。
・さがさなくてすむ。
・メニューを決められる。

買いやすい，買い物しやすい，料理しやすい。

つかむ（5分）
①調べたいことを確認する。
②本時の学習課題を提示する。
③見学で見つけた商品の並べ方を発表し合う。

調べる（30分）
①写真を提示して，並べ方の特徴をつかみ，なぜこのような並べ方をしているのか理由を話し合わせる。 **Point**
　 同じむね肉でも3種類あるよ。何がちがうのかな？ 買う人にとってどんなよさがあるかな？
②店長のインタビューを視聴する。

まとめる（10分）
①本時のまとめを書かせる。
②まとめを読み合い，学習を振り返らせる。

Point 本時のポイント…写真から，並べ方の特徴をつかみ，その工夫をしているわけを話し合う順で行い，思考が整理されるようにします。

「地域に見られる仕事（販売）」 9／14時

ねらい 同じ売り場でも1日の中でちがいがあることに気づき，そのわけを調べる。

つけたい力と評価

同じ売り場でも1日の中で変化していることを読み取り，その理由を理解している。

知識及び技能

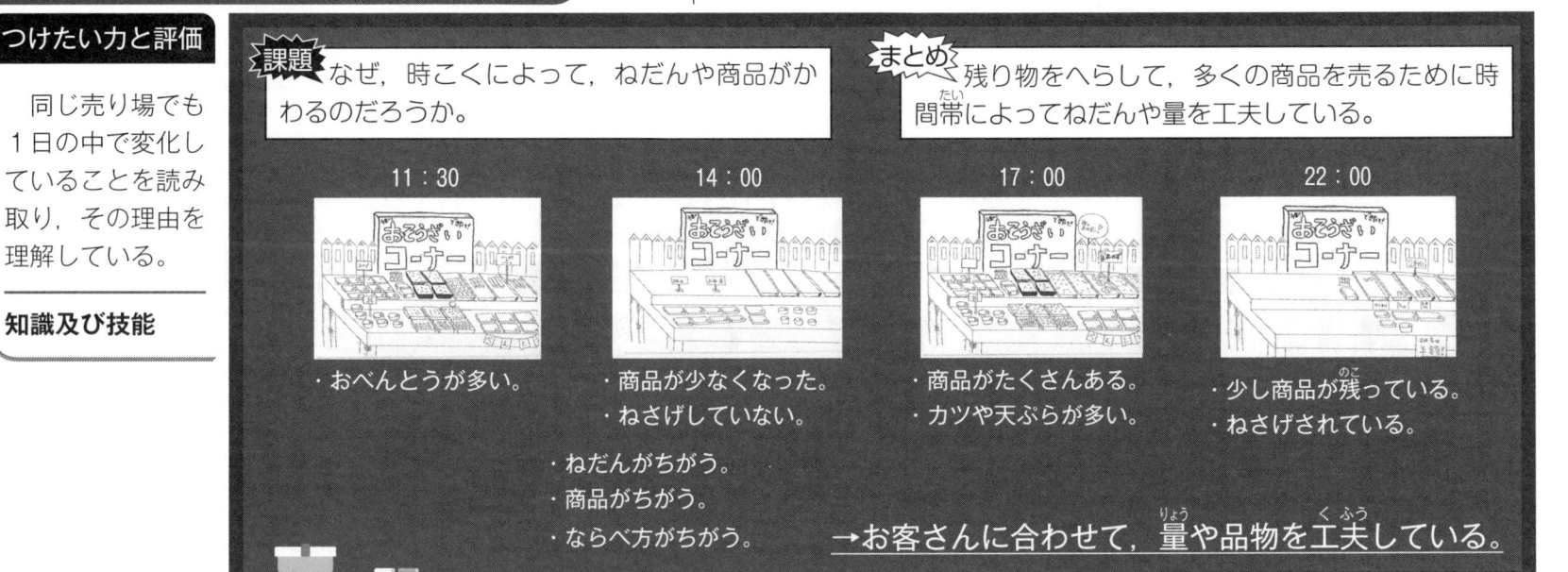

課題 なぜ，時こくによって，ねだんや商品がかわるのだろうか。

まとめ 残り物をへらして，多くの商品を売るために時間帯によってねだんや量を工夫している。

11：30
・おべんとうが多い。

14：00
・商品が少なくなった。
・ねさげしていない。

17：00
・商品がたくさんある。
・カツや天ぷらが多い。

22：00
・少し商品が残っている。
・ねさげされている。

・ねだんがちがう。
・商品がちがう。
・ならべ方がちがう。

→お客さんに合わせて，量や品物を工夫している。

つかむ（5分）

①おそうざいコーナーの様子を1枚提示し，時間帯を予想させる。

②本時の学習課題を提示する。

調べる（30分）

①お惣菜コーナーの様子を時間帯はバラバラで提示し，順番を話し合わせる。 **Point**

②答えを確認し，それぞれの特徴を話し合い，整理してノートに書かせる。

③時間帯ごとの特徴のわけを話し合い，最後に店長の話を聞き，まとめる。

まとめる（10分）

①本時のまとめを書かせる。

②まとめを読み合い，学習の振り返りをさせる。

Point 本時のポイント…時間帯の違う，同じ売り場の様子を比較することで，「お弁当が多い時間はお昼じゃないか」など生活経験から予想をすることができます。

2章 授業の流れが一目でわかる！社会科3年板書型指導案

「地域に見られる仕事（販売）」10／14時

ねらい 国内外各地の商品により、豊富な品揃えが実現していることを理解する。

つけたい力と評価

白地図の着色作業を通して、他地域とのつながりが豊富な品揃えにつながっていることを理解している。

知識及び技能

課題 なぜ、いろいろな産地（さんち）から商品が集まっているのだろうか。

まとめ 国や地いきによってとれる作物がちがう。また、きせつによってとれる作物がちがう。だから、よりよいものをいろんなところから仕入れている。

○月○日　　→（1か月後）　　○月○日

産地に色をつけよう！

- いろんな地いきから集まっている。
- 埼玉（さいたま）だけじゃないし、海外からも運ばれてきている。

- しゅんのものがある。
- きせつや天気によって。
- よりよいものをお店にならべているから。
- 安心して買えるように。

つかむ（10分）

①果物コーナーの写真を提示して、産地クイズをする。（産地を隠して提示）
②気づいたことや疑問を発表させる。
③本時の学習課題を提示する。

調べる（25分）

①日本地図と世界地図を配布し、産地を着色させる。＊外国は国旗も確認する。
②1か月前の同じ場所の写真を提示し、比較して気づいたことを話し合わせる。 旬のものや季節によって採れるものがちがう。
③店長さんの話を聞く。

Point

まとめる（10分）

①本時のまとめを書かせる。
②まとめを読み合い、学習の振り返りをさせる。
＊宿題で、お家で食べている食材の産地を白地図に塗るなど、学習を発展させてもよい。

本時のポイント…果物コーナーは産地が様々な地域があり、季節によって変化が大きいので比較しやすいです。

2章　授業の流れが一目でわかる！社会科3年板書型指導案

「地域に見られる仕事（販売）」 11／14時

ねらい｜スーパーマーケットで働く人々の売り上げを伸ばすための工夫を調べ，理解する。

つけたい力と評価

スーパーマーケットで働く人々は，お客さんのために，様々な工夫をしていることを理解している。

――――――――

知識及び技能

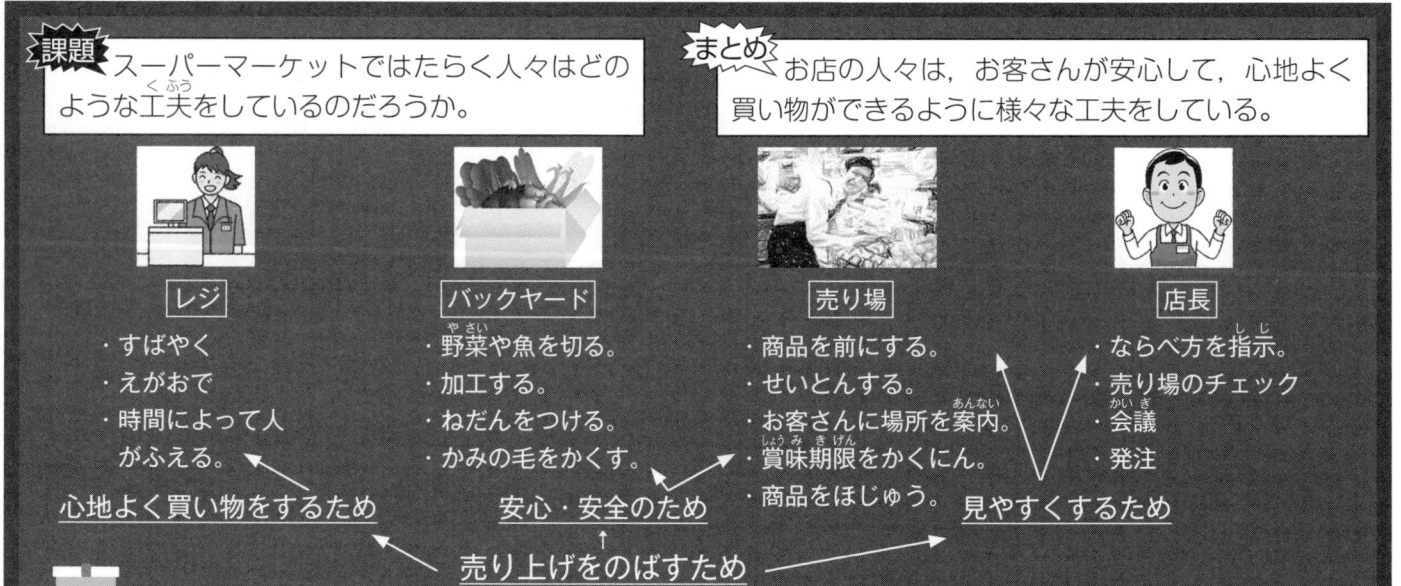

課題 スーパーマーケットではたらく人々はどのような工夫をしているのだろうか。

まとめ お店の人々は，お客さんが安心して，心地よく買い物ができるように様々な工夫をしている。

|レジ|
・すばやく
・えがおで
・時間によって人がふえる。

心地よく買い物をするため

|バックヤード|
・野菜や魚を切る。
・加工する。
・ねだんをつける。
・かみの毛をかくす。

安心・安全のため
↑
売り上げをのばすため

|売り場|
・商品を前にする。
・せいとんする。
・お客さんに場所を案内。
・賞味期限をかくにん。
・商品をほじゅう。

見やすくするため

|店長|
・ならべ方を指示。
・売り場のチェック
・会議
・発注

つかむ（5分）

①調べたいことを確認し，本時の学習課題を提示する。

②店員さんが行っていた仕事を出し合う。
　＊6時のノートを振り返る。

調べる（30分）

①4枚の写真と見学でのノートを資料にして，仕事内容を発表し合う。

②これらの仕事の目的を具体的にし，売り上げを伸ばすための様々な要素を話し合わせる。 **Point**

③店長の話を聞き，ノートにまとめる。

まとめる（10分）

①本時のまとめを書かせる。

②まとめを読み合い，学習を振り返らせる。

Point 本時のポイント…なんで笑顔なの？と掘り下げ，最終的に売り上げを伸ばすことにつながるように意見をつなげていきます。

① 身近な地域や市の様子
② 地域に見られる仕事（生産）
③ 地域に見られる仕事（販売）
④ 地域の安全を守る働き（消防）
⑤ 地域の安全を守る働き（警察）
⑥ 市の様子の移り変わり

「地域に見られる仕事（販売）」12／14時

ねらい 消費者の願いとお店の工夫を関連づけ，両者がつながり合っていることを理解する。

つけたい力と評価

これまで調べてきたことと，消費者の願いを関連づけて考え，つながり合っていることを理解している。

知識及び技能

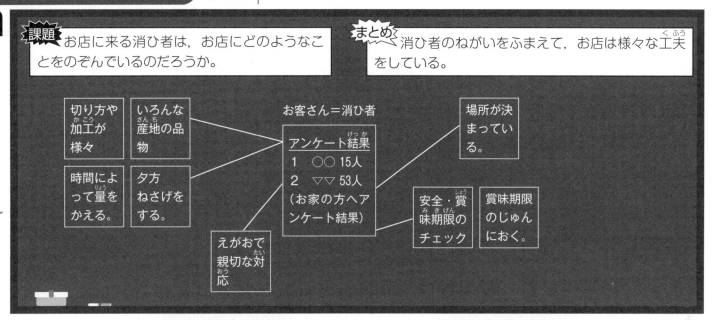

課題 お店に来る消ひ者は，お店にどのようなことをのぞんでいるのだろうか。

まとめ 消ひ者のねがいをふまえて，お店は様々な工夫をしている。

- 切り方や加工が様々
- いろんな産地の品物
- 時間によって量をかえる。
- 夕方ねさげをする。
- えがおで親切な対応

お客さん＝消ひ者

アンケート結果
1　○○　15人
2　▽▽　53人
（お家の方へアンケート結果）

- 場所が決まっている。
- 安全・賞味期限のチェック
- 賞味期限のじゅんにおく。

つかむ（10分）

①本時の学習課題を提示する。
②これまで学習したお店の売り上げを伸ばす工夫を振り返らせ，付箋に書いて黒板に貼っていく。
③全員で黒板の前に集まり，似ているものや近いもので分類，整理していく。

調べる（25分）

①消費者の願いアンケートの結果を提示し，店の工夫とつながっていることを調べ，線で結ぶ。
②これまでの学習に出てこなかったエコ活動やバリアフリーなどの取り組みを教科書や店長の話から調べ，ノートにまとめさせる。
　例　牛乳パック等の回収箱など

まとめる（10分）

①本時のまとめを書かせる。
②まとめを読み合い，学習を振り返らせる。

本時のポイント…消費者の願いとこれまで学習した店の工夫をつなげ，WIN-WINの関係になっていることに気づけるようにします。

2章 授業の流れが一目でわかる！社会科3年板書型指導案

「地域に見られる仕事（販売）」13／14時

ねらい 学習してきたことを整理し，学習問題の結論を表現する。

つけたい力と評価

これまで学習してきたことを振り返り，店の売り上げを伸ばす工夫と消費者の関係を関係図にまとめている。

思考力・判断力・表現力等

課題 調べたことを生かし，学習問題に答えよう。

学習問題 スーパーマーケットは，売り上げをのばすためにどのような工夫をしているのだろうか。

学習問題のけつろん スーパーマーケットは，売り上げをのばすために～

お店の工夫
チラシ
商品のならべ方
お店の配置
種類，かん板
時間帯によって種類や量を調整する。
産地

たくさんお店に来てほしい！
売り上げをのばしたい！

→

安全なものを買いたい！
安く買いたい！

←

消ひ者のねがい
安く買いたい。
種類を選びたい。
できたてが食べたい。
売り場がわかりやすい。
安全な食品が買いたい！

つかむ（5分）

①学習問題を確認する。
②本時の学習課題を提示する。

調べる（20分）

①今まで使った資料を見ながら，店の工夫と消費者の願いを，板書上で関係図にまとめる。
②お店の工夫と消費者の願いがどのように結びついているのか話し合う。 **Point**

まとめる（20分）

①学習問題に対する結論を文章でまとめる。
＊「スーパーマーケットは，売り上げをのばすために～」に続いて，自分の言葉で書かせる。
②学習問題の結論を読み合い，学習の振り返りを書かせる。

Point 本時のポイント…関係図にまとめ，これまでの学習の全体像を再確認して結論を書けるようにする。

---

① 身近な地域や市の様子

② 地域に見られる仕事（生産）

③ 地域に見られる仕事（販売）

④ 地域の安全を守る働き（消防）

⑤ 地域の安全を守る働き（警察）

⑥ 市の様子の移り変わり

「地域に見られる仕事（販売）」14／14時

ねらい 見学させていただいたスーパーマーケットで見つけた工夫をポスターに表現する。

つけたい力と評価

見学させていただいたお店のよさ（工夫や努力）をポスターに表現している。

思考力・判断力・表現力等

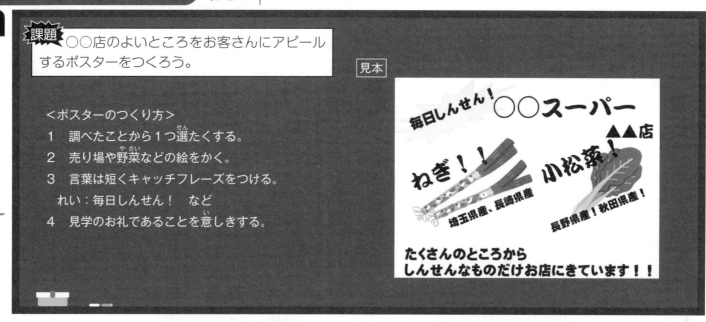

課題：○○店のよいところをお客さんにアピールするポスターをつくろう。

見本

＜ポスターのつくり方＞
1　調べたことから1つ選たくする。
2　売り場や野菜などの絵をかく。
3　言葉は短くキャッチフレーズをつける。
　れい：毎日しんせん！　など
4　見学のお礼であることを意しきする。

つかむ（5分）

①本時の学習課題を提示する。
②学習問題と結論を確認し合う。
③ポスターのつくり方，目的を説明する。

調べる（5分）

①これまでの資料を振り返り，書く際のキーワードを決めさせてから始める。

まとめる（35分）

①ポスターにまとめる。
②できあがったポスターを説明し合い，児童同士でコメントし合う。

Point

本時のポイント…実際にお店に貼っていただくと，児童にとっての活動意欲につながります。＊掲示していただく際は個人情報に注意すること。

2章 授業の流れが一目でわかる！社会科3年板書型指導案

「地域の安全を守る働き（消防）」 1／11時

ねらい イラストから，安全を守る活動について調べる活動を通して，安全を守る人の働きに関心をもつ。

つけたい力と評価

仕事のイラストから，安全を守る活動をする様子について関心をもって調べようとしている。

―――――――

主体的に関わろうとする態度

課題 まちの安全を守るには，どのような活動をしている人がいるのだろうか。

めあて わたしたちのまちを守るために，どのような人たちが，どのような活動をしているのだろうか。

消防士
・火事を消す。
・人を助ける。

救急隊
・ケガや病気の人を病院へ運ぶ。

警察官
・事故げん場で，交通整理。
・はん人をつかまえる。

交通指どう員
・横断歩道で子どもを守る。

つかむ（5分）

①本時の学習課題を提示する。
②日頃，どんな人がまちの安全を守る活動をしているか，話し合わせる。
　教 警察や消防の人たち以外にも，みんなが朝，登校するときや下校するとき，夕方や夜にもまちを守る活動をしている人は，いないかな。

調べる（30分）

①イラストから，まちの安全を守る活動をしている人の様子について想起し，発表し合わせる。
②気づいたことや疑問に思ったことを話し合う。
　教 なぜ，交通事故の現場で交通整理をしているのだろうね？ **Point**
　児 他の車がまた事故になるのを防ぐためじゃないかな。

まとめる（10分）

①学習のめあてを確認する。
②本小単元では，消防と警察の学習をすることを伝える。

Point 本時のポイント…教師が「なぜ…」と問い返すことで，子どもたちの思考が促され，新たな疑問や気づきが生まれやすくなります。

① 身近な地域や市の様子
② 地域に見られる仕事（生産）
③ 地域に見られる仕事（販売）
④ 地域の安全を守る働き（消防）
⑤ 地域の安全を守る働き（警察）
⑥ 市の様子の移り変わり

「地域の安全を守る働き（消防）」2／11時

ねらい　火事の様子や市内の火事の件数について調べる活動を通して、学習問題を話し合い、興味・関心をもつ。

つけたい力と評価

火事の様子や市内の火事の件数を調べる活動を通して、興味をもって学習問題を話し合おうとしている。

主体的に関わろうとする態度

板書

課題　火事が起きたときの様子について気づいたことを話し合い、学習問題をつくろう。

学習問題　火事が起きたときや、起きないようにするために、だれがどのような活動をしているのだろうか。

- 消防車　→消防士？
  火を消している？

- パトカー　→警察官？
  交通整理をしている？

- 救急車　→救急隊？
  けが人を助けている？

＜川口市　1年間の火事＞
- 多い年で3200件くらい。
- だんだんへっている。
  →だれが？　何をしている？
  　ふせいでいる？
- でも、まだ2000件くらい起きている。

＊365日：2000件
　→1日あたり、5.5件！

（グラフ：1970, 1980, 1990, 2000, 2010, 2015）

つかむ（10分）

①火事現場の様子を見せ、気づきを板書する。
- 教　気づいたことを発表しましょう。
- 教　どんな人が、何をしていますか？
- 教　なぜ、消防士だと思うのですか？　**Point**

②本時の学習課題を提示する。

調べる（25分）

①市内で1年間に起きた火事の件数について調べ、話し合わせる。
- 教　このグラフからわかることは、何ですか？
- 教　変化に目をつけて。
- 教　でも、まだ2000件も起きているんだよね。

②学習問題をつくる。　**Point**

まとめる（10分）

①学習問題に対する予想をノートに書かせる。

本時のポイント…教師の問い返しにより、子どもたちの思考を促し、より具体的な言葉を引き出すことで、学習問題につながる言葉を板書していきます。

「地域の安全を守る働き（消防）」3・4・5／11時

ねらい 消防署の見学を通して，働く人の様子や火事をすばやく消したり防いだりするしくみについて調べる。

つけたい力と評価

消防署の見学を通して，そこで働く人の様子や火事をすばやく消したり防いだりするしくみについて調べている。

――――――――

知識及び技能

課題 消防署（しょうぼうしょ）を見学して，火事が起きたときの活動を調べよう。

＜調べること＞
・すばやく火を消すためにしていること
・はたらいている人の様子
・消防署にあるしせつやせつび

＜見学のやくそく＞
・しゃべらない。
・走らない。
・ひつような部分だけメモを取る。
・注意深く見聞きする。

つかむ（30分）

①前時の予想から，消防士に着目した子どものノートを紹介する。
②本時の学習課題を提示する。
③見学計画を立てさせる。
　・すばやく火を消すためにしていること
　・働いている人の様子
　・消防署にある施設や設備

調べる（90分）

①消防署を見学する。
　・見学計画に沿って見聞きさせる。
　・消防署の職員の方に話を聞く際は，教師が間に入り，わかりやすい言葉に説明し直したり，次時以降につながる重要な話は強調したりする。**Point**

まとめる（15分）

①見学で見聞きしたことをノートに記録させる。
　＊学習問題を意識して書かせる。
　・火事が起きたとき
　・火事が起きないようにする
　・誰が
　・どのような活動をしている

本時のポイント…見学時やゲストティーチャーを呼んだ場合には，必ず授業者である教師が子どもたちの前に立って聞き取りを進めることが大切です。

「地域の安全を守る働き（消防）」 6／11時

ねらい 火事が起きたときの連絡体制を調べる活動を通して、関係諸機関が協力して対処していることを理解する。

つけたい力と評価

火事が起きたときの連絡体制を調べる活動を通して、関係諸機関が協力して対処していることを理解している。

知識及び技能

課題 火事が起きたとき，どこへれんらくが行くのだろうか。

まとめ 指令課管制室から関係きかんにれんらくが行き，協力して対しょするしくみになっている。それは，すばやく火事を消し，人を助けるためにある。

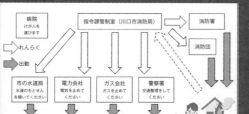

119番
→指令課管制室（川口市消防局）
　→関係きかん
　　・消防署（火を消す，救助する）
　　・病院（けが人を受け入れる）
・警察署（交通整理）
・水道局（水道を調整）
・ガス会社（ガスを止める）
・電力会社（電気を止める）

○すばやく火を消すため
○すばやく人を助けるため

・協力し合っている。
・一斉にれんらく＝すばやく対しょ

つかむ（10分）

① 教 火事が起きたとき，電話で何番にかけるか知っていますか？
　　児 119番です。
　　教 では，その電話は，どこにつながっているのでしょうか？
②本時の学習課題を提示する。
③予想を書かせる。

調べる（25分）

①資料を提示し，119番が指令課管制室につながることを確認し，板書する。
②資料を調べさせ，それぞれの役割をまとめる。
③何のために，このようなしくみになっているか話し合わせる。

Point

まとめる（10分）

①本時の学習のまとめを書かせる。
　教 「どのようなしくみか」と「それは何のためにあるか」の2つの点についてまとめを書きます。
②本時の振り返りを書かせる。
　教 はじめの予想とちがっていたことや，意外だったことについて振り返りを書きましょう。

Point

本時のポイント…しくみについて，「何のためにあるのか」を考えさせることが大切です。また，ガスや電力会社，病院，水道局なども協力している事実をおさえます。

2章 授業の流れが一目でわかる！社会科3年板書型指導案

「地域の安全を守る働き（消防）」 7／11時

ねらい 消防署で働く人の勤務体制や訓練，点検などについて調べ，火事に備えていることを理解する。

つけたい力と評価

消防署で働く人の勤務体制や訓練，施設・設備の点検などについて調べ，火事に備えていることを理解している。

知識及び技能

課題 火事が起きていないとき，消防署（しょうぼうしょ）ではたらく人たちは，どのような仕事をしているのだろうか。

まとめ 消防署ではたらく人たちは，いつ火事が起きても，すばやくかくじつに対しょするために，訓練や点検をして日ごろからそなえている。

	1日目	2日目	3日目	4日目	5日目	6日目
Aさん	きんむ	非番	きんむ	非番	休み	休み
Bさん	きんむ	非番	休み	休み	きんむ	非番
Cさん	休み	休み	きんむ	非番	きんむ	非番

訓練（くんれん）や道のチェックなどをしている。
＝すばやく火事のげん場に行くため。
すばやく人を助けるため。

消防車や消火せんなどの点検（てんけん）をしている。
＝火事のときに使うため。
火事をかくじつに消すため。

いつでも出動できる人がいるようにしている。
＝いつ火事が起きても出動できるため。

つかむ（10分）

①教 火事が起きたとき，関係機関にどのように連絡が行くのか，説明し合いましょう。

教 それは，何のためでしたか？

教 では，火事が起きていないとき，消防署で働く人たちは，どのような仕事をしているのでしょうか？

②本時の学習課題を提示し，予想を書かせる。

調べる（25分）

①資料を調べ，それぞれの取り組みを板書にまとめる。（見学メモも活用させる）

　・訓練や道のチェック
　・点検
　・勤務体制や待機の仕方　など

②何のためにそれぞれの取り組みをしているのか，話し合わせる。

まとめる（10分）

①本時の学習のまとめを書かせる。

　＊まとめには，「訓練」と「点検」を入れる。

　＊つまり，何のために訓練や点検をしているのか考えさせる。

②本時の振り返りを書かせる。

　教 「何のため」の訓練や点検か，ということについて，考えたことを書きましょう。

Point

本時のポイント…それぞれの取り組みが何のためにあるのか話し合ったことから，「つまり」でまとめさせることで，「日頃から備えている」ことに気づかせます。

① 身近な地域や市の様子
② 地域に見られる仕事（生産）
③ 地域に見られる仕事（販売）
④ 地域の安全を守る働き（消防）
⑤ 地域の安全を守る働き（警察）
⑥ 市の様子の移り変わり

「地域の安全を守る働き（消防）」 8・9／11時

ねらい 地域の消火栓や防火水槽，避難場所などを調べ，消防に関わる施設・設備の役割について理解する。

つけたい力と評価

地域の消火栓や防火水槽，避難場所などを調べ，消防に関わる施設・設備の役割について理解している。

知識及び技能

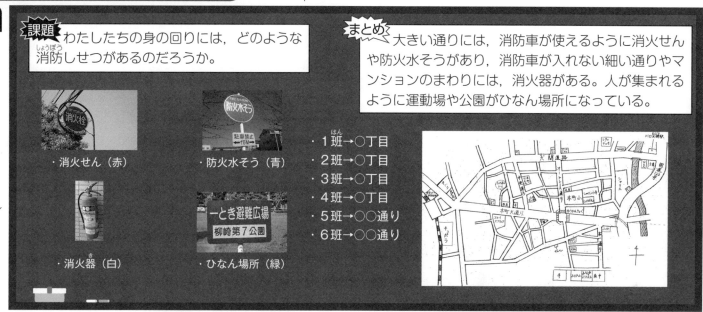

課題 わたしたちの身の回りには，どのような消防しせつがあるのだろうか。

まとめ 大きい通りには，消防車が使えるように消火せんや防火水そうがあり，消防車が入れない細い通りやマンションのまわりには，消火器がある。人が集まれるように運動場や公園がひなん場所になっている。

・消火せん（赤）
・防火水そう（青）
・消火器（白）
・ひなん場所（緑）

・1班→○丁目
・2班→○丁目
・3班→○丁目
・4班→○丁目
・5班→○○通り
・6班→○○通り

つかむ（20分）

①学校の前にある消火栓の写真を見せる。
　教 これは，どこの写真でしょうか？
②本時の学習課題を提示する。
③他の施設・設備について説明する。
　・防火水槽　・消火器　・避難場所
④地域の消防施設調べの計画を立てさせる。

調べる（60分）

①地域の消防施設の種類と位置を調べさせる。
②調べた情報を学区の白地図に書き込ませる。
　＊施設ごとに色やマークを工夫させる。
③白地図にまとめた結果をもとに，気づいたことを話し合わせる。
　教 「市の様子」の単元で学習した道路や建物，人通りなどと関係づけて見ると，何がわかるかな。 **Point**

まとめる（10分）

①どんな施設が何のために，どのようなところにあるのか，具体的にまとめさせる。

＊見学に行くことが難しい場合は，1週間程度，期間を設けて，登下校時などに探させます。朝，登校したら貼っておいた地図にシールなどを貼らせるとよいでしょう。

本時のポイント…市内の様子の学習（道路，人通り，住宅，公共施設など）と関連づけて考えさせることで，消防施設・設備の分布をつかませることができます。

2章

授業の流れが一目でわかる！社会科3年板書型指導案

「地域の安全を守る働き（消防）」10／11時

ねらい 地域の人々の消防訓練や消防団の活動などについて調べ，火災予防に協力していることを理解する。

つけたい力と評価

地域の人々の消防訓練や消防団の活動などについて調べ，火災予防に協力していることを理解している。

知識及び技能

課題 地いきの人たちは，どのような活動をしているのだろうか。

まとめ 地いきの人たちは，火事が起きたときのために，消防署の人たちに協力して防火に取り組んでいる。
・消防団では，　　　　・地いきでは，

消防団＝地いきの人
・ふだんは別の仕事
・消防署の人と協力
・訓練，点検

自分のまちを守る！

地いきの消防訓練，パトロール
・消火器の使い方＝まちの防火しせつ
・火の用心をよびかける。
・放火をふせぐ。

自分のまちを自分たちで守る！

住たく用火災けいほうき
・「すべての住たくにつける」
＝法りつで決められている。
自分の家を守るため。

つかむ（10分）

①消防団が活動している写真を見せる。
　教 これは，何をしていますか？
　児 消防士さんが訓練している。
　教 本当に？
　児 あれ？　服装がちがうよ。
　教 この人は，消防団と言って地域の人です。
②本時の学習課題を提示し，予想を書かせる。

調べる（25分）

①資料を調べさせ，それぞれの取り組みを板書にまとめる。
　＊消防団や地域の人の思いに関する資料
②なぜ法律で住宅用火災警報器の設置義務が定められているのか話し合わせる。

まとめる（10分）

①本時の学習のまとめを書かせる。
　＊まとめは，「消防団」と「地域の人」について具体的にまとめさせる。
②本時の振り返りを書かせる。
　教 地域の人が消防活動に協力していることについて，考えたことを書きましょう。

Point

本時のポイント…消防団の活動は，4年生の「自然災害から人々を守る活動」につながる大切な内容です。自分の言葉でまとめさせ，確実に身につけさせます。

① 身近な地域や市の様子
② 地域に見られる仕事（生産）
③ 地域に見られる仕事（販売）
④ 地域の安全を守る働き（消防）
⑤ 地域の安全を守る働き（警察）
⑥ 市の様子の移り変わり

「地域の安全を守る働き（消防）」11／11時

ねらい 火事からくらしを守る人々の働きについて関係図にまとめ、学習問題の結論を考え、表現する。

つけたい力と評価

これまでの学習を振り返り、火事からくらしを守る人々の働きについて関係図にまとめ、学習問題の結論を考え、表現している。

思考力・判断力・表現力等

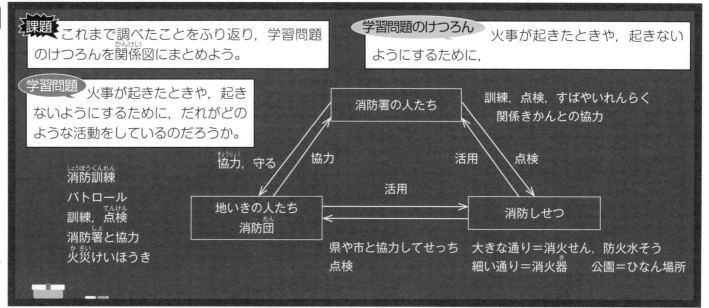

つかむ（5分）

①学習問題を確認する。
②本時の学習課題を提示する。

調べる（20分）

①今までに使った資料を見ながら、これまでの学習を振り返らせ、発表したことをもとに板書上で関係図にまとめる。 **Point**

まとめる（20分）

①学習問題に対する結論をまとめさせる。
　＊「火事が起きたときや、起きないようにするために」に続いて、自分の言葉で書かせる。
②「自分」は、関係図のどこに位置し、何ができるのか、について振り返りを書かせる。 **Point**

本時のポイント…「自分」は地域の一員であり、町会の訓練やパトロールに参加したり、火災警報器を点検したりするなど、自分にもできることがあることに気づかせます。

2章

授業の流れが一目でわかる！社会科3年板書型指導案

「地域の安全を守る働き（警察）」1／7時

ねらい 市内の事故の様子や，事故や事件の原因と件数について調べる活動を通して，興味・関心をもつ。

つけたい力と評価

市内の事故の様子や，事件や事故の原因と件数を調べる活動を通して，興味・関心をもとうとしている。

――――――――

主体的に関わろうとする態度

課題 わたしたちの住むまちの中で，どのような事故や事件が起きているのだろうか。

平成30年1月〜6月まで
交通事故：890件
死者数　　：6人
負傷者数：1001人

＜事故の主な原いん＞
・交差点
・不注意
・ルールいはん

まとめ わたしたちの住むまちの中で，命や財産をうばわれるような事故や事件がたくさん起きている。

平成30年1月〜7月まで
認知件数：2972件

＜事件の主な原いん＞
・財産をうばわれる。
・子どもをまきこむ。

つかむ（10分）

①交通事故現場のイラストや写真を見せる。
②市町村別の交通事故と事件の件数を予想させる。 **Point**
　教　1月から先月までの〇か月で何件？
③実際の数値を伝える。
　＊都道府県警のホームページを参照
④本時の学習課題を提示する。

調べる（25分）

①交通事故の主な原因と，どんな場所で多く発生しているかを調べさせる。 **Point**
②事件の主な原因を調べさせる。

まとめる（10分）

①本時のまとめを書かせる。 **Point**
　教　つまり，どのような事故や事件が起きていると言えますか？
②本時の振り返りを書かせる。
　教　今日の学習を通して，考えたことを書きましょう。

Point 本時のポイント…件数や原因に対する驚きや，予想とのギャップを感じられることが，本時のまとめを自分事として捉え，興味・関心を高めることにつながります。

① 身近な地域や市の様子
② 地域に見られる仕事（生産）
③ 地域に見られる仕事（販売）
④ 地域の安全を守る働き（消防）
⑤ 地域の安全を守る働き（警察）
⑥ 市の様子の移り変わり

2章 授業の流れが一目でわかる！社会科3年板書型指導案

「地域の安全を守る働き（警察）」 2／7時

ねらい 市内の事故や事件の件数の変化について調べる活動を通して、学習問題を話し合い、予想を立てる。

つけたい力と評価

市内の事件や事故の件数の変化を調べる活動を通して、学習問題を話し合い、予想を立てようとしている。

──────────
主体的に関わろうとする態度

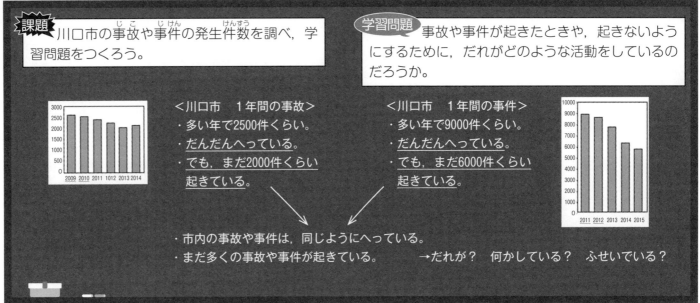

課題 川口市の事故や事件の発生件数を調べ、学習問題をつくろう。

学習問題 事故や事件が起きたときや、起きないようにするために、だれがどのような活動をしているのだろうか。

＜川口市　1年間の事故＞
・多い年で2500件くらい。
・だんだんへっている。
・でも、まだ2000件くらい起きている。

＜川口市　1年間の事件＞
・多い年で9000件くらい。
・だんだんへっている。
・でも、まだ6000件くらい起きている。

・市内の事故や事件は、同じようにへっている。
・まだ多くの事故や事件が起きている。　→だれが？　何かしている？　ふせいでいる？

つかむ（5分）
①前時に使った事故現場の様子を見せ、学習内容を想起させる。
②本時の学習課題を提示する。

調べる（30分）
①市内で1年間に起きた事故や事件の件数について調べ、話し合わせる。
　＊はじめは全体を隠しておき、少しずつ見せていくことで、変化に着目させる。**Point**
②事故と事件の共通点を話し合わせる。
③学習問題をつくる。
　教　消防のときは、どんな学習問題でしたか？

まとめる（10分）
①学習問題に対する予想をノートに書かせる。

本時のポイント…発生件数がどのように変化しているか、時間的な見方・考え方に着目してグラフを読み取れるように、資料の一部を隠すなどの工夫が有効です。

「地域の安全を守る働き（警察）」3／7時

ねらい 事故が起きたときの連絡のしくみを調べ，関係諸機関が協力して対処していることを理解する。

つけたい力と評価

事故が起きたときの連絡のしくみを調べる活動を通して，関係諸機関が協力して対処していることを理解している。

知識及び技能

課題 事故が起きたとき，どこへれんらくが行くのだろうか。

まとめ 通信指令室から関係きかんにれんらくが行き，協力して対しょするしくみになっている。それは，消防署と同じように，すばやく人を助けるため。

110番
→通信指令室（埼玉県警察本部）
→関係きかん
・市の消防署（救助する）
・市の警察署（交通整理）
・交通管制センター
（交通じょうほう板）

○すばやく人を助けるため。
　消防署と同じしくみ

・協力し合っている。
・一斉にれんらく＝すばやく対しょ

つかむ（10分）

①教 事故が起きたとき，電話で何番にかけるか知っていますか？
児 110番です。
教 では，その電話は，どこにつながっているのでしょうか？
②本時の学習課題を提示する。
③予想を書かせる。

調べる（25分）

①資料を提示し，110番が通信指令室につながることを確認し，板書する。
②資料を調べさせ，それぞれの役割をまとめる。
③何のために，このようなしくみになっているか話し合わせる。

Point

まとめる（10分）

①本時の学習のまとめを書かせる。
教 「どのようなしくみか」と「それは何のためにあるか」の2つの点についてまとめを書きます。 **Point**
②本時の振り返りを書かせる。
教 はじめの予想と比べて，振り返りを書きましょう。

Point 本時のポイント…消防と授業の流れや板書を同じようにすることで，子どもたちから自然に「消防と同じ」という気づきが引き出されやすくします。

「地域の安全を守る働き（警察）」4／7時

ねらい　警察署で働く人が事故や事件を防ぐためにしている取り組みについて調べ、日頃から備えていることを理解する。

つけたい力と評価

警察署で働く人が事故や事件を防ぐためにしている取り組みについて調べ、事故や事件に備えていることを理解している。

知識及び技能

課題　事故や事件が起きていないとき、警察署ではたらく人たちは、どのような仕事をしているのだろうか。

まとめ　警察署ではたらく人たちは、すばやく対しょしたり事故や事件をふせいだりするために、日ごろからいろいろな取り組みをしている。

	1日目	2日目	3日目	4日目	5日目	6日目
Aさん	きんむ	非番	休み	きんむ	非番	きんむ
Bさん	休み	きんむ	非番	休み	きんむ	非番
Cさん	非番	休み	きんむ	非番	休み	非番

交通安全や、きけんから身を守る方法を教えている。
＝事故や事件をへらすため。

交通いはんをとりしまる。
＝いはん者をなくすため。
事故をなくすため。

いつでも出動できる人がいるようにしている。
＝いつ事故や事件が起きても出動できるため。

つかむ（10分）

①教　事故が起きたとき、関係機関にどのように連絡が行くのか、説明し合いましょう。
　教　それは、何のためでしたか？
　教　では、事故や事件が起きていないとき、警察署で働く人たちは、どのような仕事をしているのでしょうか？
②本時の学習課題を提示し、予想を書かせる。

調べる（25分）

①資料を調べさせ、それぞれの取り組みを板書にまとめる。（見学した場合、メモも活用する）
　・交通安全教室
　・取り締まり
　・勤務体制や待機の仕方
②何のためにそれぞれの取り組みをしているのか、話し合わせる。

まとめる（10分）

①本時の学習のまとめを書かせる。
　＊先ほど話し合った、「何のためにしているのか」に着目してまとめさせる。
②本時の振り返りを書かせる。
　教　消防の学習と比べて、考えたことを書きましょう。　**Point**

本時のポイント…「やっぱり、消防と同じ」「他にも同じところがあるのではないか」といった気づきができている記述を全体に紹介し、次時につなげます。

2章　授業の流れが一目でわかる！社会科３年板書型指導案

「地域の安全を守る働き（警察）」５／７時

ねらい 地域の標識や信号機，交番などを調べ，交通安全や防犯に関わる施設の位置や分布について理解する。

つけたい力と評価

　地域の標識や信号機，交番などを調べ，交通安全や防犯に関わる施設の位置や分布について理解している。

知識及び技能

課題 わたしたちの身の回りには，どのような安全を守るためのしせつがあるのだろうか。

まとめ
・学区に交番は１つ。
・大きな通りには，歩道橋があり，安全にわたれる。
・車の通る道には，標しきが多い。

・標しき（赤）　　・信号機（青）

・歩道橋（□）　　・交番（×）

つかむ（5分）

①学校の前にある標識の写真を見せる。

　教　これは，どこの写真でしょうか？

②本時の学習課題と，他の施設の写真を提示する。

　・信号機　・歩道橋　・交番

③調べる分担やグループを決める。

調べる（30分）

①地域の施設の種類と位置を調べさせる。

②調べた情報を学区の白地図に書き込ませる。　**Point**

　＊施設ごとに色やマークを工夫させる。

③白地図にまとめた結果をもとに，気づいたことを話し合わせる。

　教　前の単元で学習した道路や建物，人通りなどと関係づけて見ると，何がわかるかな。

まとめる（10分）

①どんな施設がどのようなところにあるのか，具体的にまとめさせる。

Point 本時のポイント…地域調査に出られない場合は，１週間ほど登下校時に探させ，白地図にシールを貼らせてつくった資料をもとに，調べさせる方法もあります。

① 身近な地域や市の様子
② 地域に見られる仕事（生産）
③ 地域に見られる仕事（販売）
④ 地域の安全を守る働き（消防）
⑤ 地域の安全を守る働き（警察）
⑥ 市の様子の移り変わり

「地域の安全を守る働き（警察）」6／7時

ねらい 地域の人々の交通安全運動や防犯活動などを調べ，事故防止や防犯に協力していることを理解する。

つけたい力と評価

地域の人々の交通安全運動や防犯活動などについて調べ，事故防止や防犯に協力していることを理解している。

知識及び技能

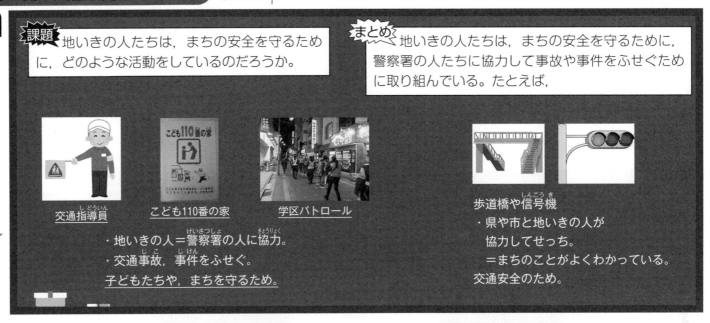

課題：地いきの人たちは，まちの安全を守るために，どのような活動をしているのだろうか。

まとめ：地いきの人たちは，まちの安全を守るために，警察署の人たちに協力して事故や事件をふせぐために取り組んでいる。たとえば，

- 交通指導員
- こども110番の家
- 学区パトロール

・地いきの人＝警察署の人に協力。
・交通事故，事件をふせぐ。
子どもたちや，まちを守るため。

歩道橋や信号機
・県や市と地いきの人が協力してせっち。
＝まちのことがよくわかっている。
交通安全のため。

つかむ（10分）

①交通指導員が活動している写真を見せる。
　児　○○さんだ。
②本時の学習課題を提示し，予想を書かせる。

調べる（25分）

①資料を調べさせ，それぞれの取り組みを板書にまとめる。
　＊交通指導員やパトロールをする人の思いに関する資料
②歩道橋や信号機の設置に，なぜ地域の人も協力しているのか話し合わせる。 **Point**

まとめる（10分）

①本時の学習のまとめを書かせる。
　＊まとめは，「たとえば」に続いて具体的にまとめさせる。
②本時の振り返りを書かせる。
　教　地域の人が事故や犯罪を防ぐために協力していることについて，考えたことを書きましょう。

Point 本時のポイント…地域住民がまちづくりに参画していることは，6年生の公民の学習につながる大切な学習です。

「地域の安全を守る働き（警察）」 7／7時

ねらい これまでの学習を振り返り，事故や事件からくらしを守る人々の働きについて学習問題の結論を表にまとめる。

2章
授業の流れが一目でわかる！社会科3年板書型指導案

つけたい力と評価

これまでの学習振り返り，事故や事件からくらしを守る人々の働きについて学習問題の結論を表にまとめている。

思考力・判断力・表現力等

課題 これまで調べたことをふり返り，学習問題のけつろんを表にまとめよう。

学習問題のけつろん 事故や事件が起きたときや，起きないようにするために，

人	活　動	何のためにしているか
警察署の人たち	・パトロール，とりしまり ・すばやいれんらくと協力 ・交通安全教室，防はん教室	・いはん者を見つける，事故や事件をふせぐため。 ・すばやく助けるため。 ・交通安全，防はんをよびかけるため。
地いきの人たち	・パトロール ・交通指導員 ・こども110番の家 ・しせつのせっち	・事件をふせぐため。 ・子どもたちを事故や事件から守るため。 ・事故をふせぐため。
わたしたち	・交通安全教室で学ぶ。 ・110番の家を知っておく。	・ルールを守るため。 ・交通安全のため。

学習問題 事故や事件が起きたときや，起きないようにするために，だれがどのような活動をしているのだろうか。

つかむ（5分）

①学習問題を確認する。
②本時の学習課題を提示する。

調べる（20分）

①今までに使った資料を見ながら，これまでの学習を振り返らせ，板書上で表にまとめる。

まとめる（20分）

①学習問題に対する結論をまとめさせる。
　＊「事故や事件が起きたときや，起きないようにするために」に続いて，自分の言葉で書かせる。
②「わたしたち」の欄に，事故や事件を防ぐために何ができるのか書かせる。

Point

本時のポイント…「防犯ブザーを身につける」「2人乗りをしない」等だけではなく，本小単元で学んだことを生かして，自分たちにできることを書かせます。

---

① 身近な地域や市の様子
② 地域に見られる仕事（生産）
③ 地域に見られる仕事（販売）
④ 地域の安全を守る働き（消防）
⑤ 地域の安全を守る働き（警察）
⑥ 市の様子の移り変わり

「市の様子の移り変わり」1／9時

ねらい 市の昔と今の人口について調べ、市の移り変わりに興味・関心をもち、人口増加の要因を理解する。

つけたい力と評価

市の昔と今の人口について調べ、市の移り変わりとその要因に興味・関心をもとうとしている。

主体的に関わろうとする態度

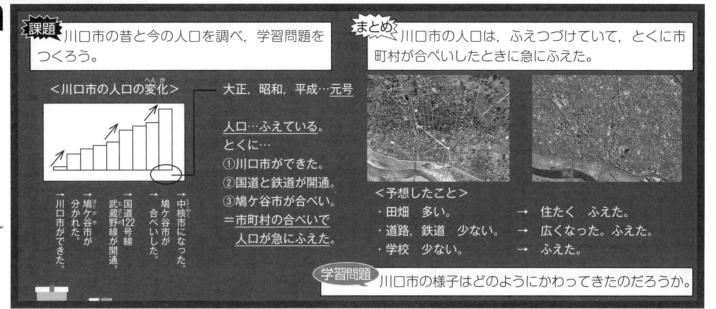

課題 川口市の昔と今の人口を調べ、学習問題をつくろう。

＜川口市の人口の変化＞

大正、昭和、平成…元号

人口…ふえている。
とくに…
①川口市ができた。
②国道と鉄道が開通。
③鳩ケ谷市が合ぺい。
＝市町村の合ぺいで人口が急にふえた。

→川口市ができた。
→鳩ケ谷市が分かれた。
→国道122号線、武蔵野線が開通。
→中核市になった。
→鳩ケ谷市が合ぺいした。

まとめ 川口市の人口は、ふえつづけていて、とくに市町村が合ぺいしたときに急にふえた。

＜予想したこと＞
・田畑　多い。　　→　住たく　ふえた。
・道路、鉄道　少ない。→　広くなった。ふえた。
・学校　少ない。　→　ふえた。

学習問題 川口市の様子はどのようにかわってきたのだろうか。

つかむ（10分）

①人口の変化のグラフを見せる。
　＊表題や単位などは隠しておく。
　教　これは、何でしょう？
②本時の学習課題を提示する。
③用語「元号」をおさえる。**Point**
　＊子どもの発言があれば、大正以前に明治などがあったことにも触れる。

調べる（20分）

①グラフから人口が急に増えているところを見つけ、川口市の年表から、その原因と考えられる出来事を読み取らせる。
②なぜ、それが原因と考えたのか、理由を明らかにして話し合わせる。**Point**
　教　この理由をみんなで考えてみよう。

まとめる（15分）

①本時の学習のまとめを書かせる。
②写真や地図を見比べて変化したと予想したことをもとにして、学習問題をつくる。
　教　昔と今の写真や地図を見比べて、今日、調べた人口のように、変わったと予想したことをノートに書き出しましょう。**Point**
③興味・関心をもったことを振り返りに書かせる。

本時のポイント…元号は、しっかりとおさえましょう。年表や写真、地図を読み取ったり、見比べたりして十分に活用させることは、あとの学習におおいに役立ちます。

2章 授業の流れが一目でわかる！社会科3年板書型指導案

「市の様子の移り変わり」 2／9時

ねらい 川口市の土地利用の移り変わりについて調べることを通して，人口増加との関連を考える。

つけたい力と評価

市の住宅地の広がりの様子を白地図にまとめ，その特徴について必要な情報を読み取っている。

知識及び技能

課題 川口市の昔と今で，土地の使われ方は，どのようにかわったのだろうか。

まとめ 川口市の土地の使われ方は，住たくがふえたり，市内の工場を工業団地に集めたりした。それで人口がふえた。

＜1学期に学習したこと＞
・北：台地→植木畑　多い。
・南：低地→工場　多い。
・駅のまわり→住たく　多い。

いつから？

予想
・昔は，田や畑だった。
・植木畑や工場は，昔から。
・昔，駅は，なかった？

（地図）
北　北北西　北東
西　　　　　東
西南　南　南東
戸塚
神根
芝
安行
青木
鳩ケ谷
新郷
横曽根
中央
南平

田，畑，植木畑　多い。
・戸塚，安行地区→住たく　ふえた。
　　　　　　　　　（たく地開発）
・新郷地区→工場　集めた。
　　　　　　　（新郷工業団地）
　　　　　　　　　　だから
いもの工場　多い。
・中央地区→住たく　ふえた。

人口がふえたのと同じころ

つかむ（10分）

①前時に発表させた予想を振り返り，本時は「土地利用」について調べることを伝える。
②本時の学習課題を提示する。
③1学期の「市の様子」で学習した土地利用を振り返り，ノートに書かせる。　**Point**
＊ノートを見返してもよいことを伝える。

調べる（25分）

①昔の地図や写真と比べて，住宅地や工業団地がつくられた場所を読み取り，白地図に色を塗らせる。
②市役所の人の話から，宅地開発や工業団地の建設の計画に基づいていることを読み取らせる。
③宅地開発や工業団地の建設時期と，前時の人口増加の時期を関連づけて話し合わせる。

まとめる（10分）

①本時の学習のまとめを書かせる。
②振り返りを書かせる。
教 わたしたちの住んでいる地区について，考えたことを書きましょう。

本時のポイント…本単元では，「市の様子」の単元の既習を生かすことが大切です。また，板書に提示する白地図も，1学期に使った掲示物が使えます。

①身近な地域や市の様子
②地域に見られる仕事（生産）
③地域に見られる仕事（販売）
④地域の安全を守る働き（消防）
⑤地域の安全を守る働き（警察）
⑥市の様子の移り変わり

「市の様子の移り変わり」 3／9時

ねらい 川口市の交通の移り変わりについて調べることを通して，人口増加との関連を考える。

つけたい力と評価

市の主な道路や鉄道の広がりの様子を白地図にまとめ，その特徴について必要な情報を読み取っている。

知識及び技能

課題 川口市の昔と今の道路や鉄道の様子は，どのようにかわったのだろうか。

まとめ 川口市の道路や鉄道・駅は，住たくがふえたところに整備された。また，整備されたことで住たくがふえた。

＜1学期に学習したこと＞
・道路→2本の高速道路
　―― 多くのかん線道路
・鉄道→3本の鉄道
　‥‥ 1本の地下鉄

いつから？

[予想]
・住たくがふえたから，道路や鉄道がひつようになった。
・京浜東北線が一番古い。

道路
・かん線道路ができた→道路ぞい住たくがふえた。
・道はばも広くなった。＝車が多く走れる。

鉄道
・川口駅：明治43年＝100年以上前！
・駅ができた→まわりに住たくがふえた。

↓
つまり

道路や鉄道・駅の整備→住たくがふえた。

つかむ（10分）

①第2時に発表させた予想を振り返り，本時は「道路や鉄道」について調べることを伝える。
②本時の学習課題を提示する。
③1学期の「市の様子」で学習した道路や鉄道について振り返り，ノートに書かせる。
　＊ノートを見返してもよいことを伝える。

調べる（30分）

①昔の道路地図や写真，路線図と前時の土地利用図を比べ，交通網が整備されたところに住宅地が増加したことを読み取らせる。
　児 2つの地図が同じような場所に重なるよ。
　教 つまり，何を意味しているのかな？
②気づきを発表し合い，住宅地の増加と関連づけて話し合わせる。

まとめる（5分）

①本時の学習のまとめを書かせる。
②振り返りを書かせる。
　教 わたしたちの住んでいる地区に通っている道路や鉄道，駅について，考えたことを書きましょう。

本時のポイント…2つの地図の重なりの意味を説明できない子どもには，1学期の「市の様子」で，交通網と住宅地や商店の関連について学習したことを想起させます。

2章 授業の流れが一目でわかる！社会科3年板書型指導案

「市の様子の移り変わり」 4／9時

ねらい 川口市の公共施設について調べることを通して，人口増加との関連を考え，市役所の働きを理解する。

つけたい力と評価

市の公共施設の広がりの様子から，市が税金を使って人口増加に応じて整備してきたことを調べ，市役所の働きを理解している。

知識及び技能

課題 川口市の公共しせつは，どのように整備されてきたのだろうか。

まとめ 川口市の公共しせつは，市役所が税金を使って人口がふえるのに合わせて整備してきた。

＜1学期に学習したこと＞
・公共しせつ
　学校，公民館，図書館
　スポーツセンターなど
・各地区に広がっている。
・市役所が整備した。

予想
・住たくがふえたところに，整備した。
・人口がふえて，ひつようになった。

昭和40年ごろ
＝人口が17万人もふえた時期
人口がふえるのに合わせて整備した。

・小学校：昭和40年ごろ多くつくられた。
　1年間に小学校にかかった費用＝やく29億円
・図書館：やく11億円
・公民館：やく11億円
・スポーツセンター：やく12億円

市役所が税金を使って，つくったり，いじしたりしている。

つかむ（10分）

①第2時に発表させた予想を振り返り，本時は「公共施設」について調べることを伝える。
②本時の学習課題を提示する。
③1学期の「市の様子」で学習した公共施設について振り返り，ノートに書かせる。
　＊ノートを見返してもよいことを伝える。

調べる（25分）

①川口市の年表や『施設白書』から，身近な公共施設の建設年，費用などを調べさせる。
　（学校，図書館，公民館，スポーツセンター等）
②市役所の人の話から，税金を使って整備していることを調べさせる。 **Point**
③昭和40年ごろに学校が多く建てられた理由を人口増加と関係づけて話し合わせる。

まとめる（10分）

①本時の学習のまとめを書かせる。
②振り返りを書かせる。
　教 自分が利用したことがある公共施設について，考えたことを書きましょう。

Point 本時のポイント…理由として「子どもが増えたから」と発言した際，「それを，前に学習したことから説明づけられるかな？」と問い返し，既習を生かす思考を促します。

① 身近な地域や市の様子
② 地域に見られる仕事（生産）
③ 地域に見られる仕事（販売）
④ 地域の安全を守る働き（消防）
⑤ 地域の安全を守る働き（警察）
⑥ 市の様子の移り変わり

「市の様子の移り変わり」 5・6／9時

ねらい 道具の移り変わりについて調べることを通して、人々のくらしの様子の変化を理解する。

つけたい力と評価

道具の移り変わりについて調べることを通して、人々のくらしの様子の変化を理解している。

知識及び技能

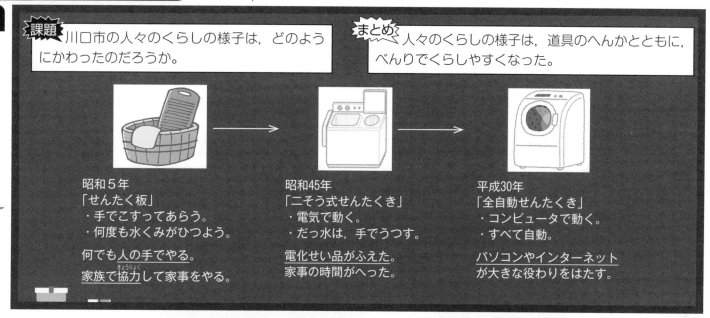

課題 川口市の人々のくらしの様子は、どのようにかわったのだろうか。

まとめ 人々のくらしの様子は、道具のへんかとともに、べんりでくらしやすくなった。

昭和5年
「せんたく板」
・手でこすってあらう。
・何度も水くみがひつよう。

何でも人の手でやる。
家族で協力して家事をやる。

昭和45年
「二そう式せんたくき」
・電気で動く。
・だっ水は、手でうつす。

電化せい品がふえた。
家事の時間がへった。

平成30年
「全自動せんたくき」
・コンピュータで動く。
・すべて自動。

パソコンやインターネットが大きな役わりをはたす。

つかむ（15分）

①第2時に発表させた予想を振り返り、本時は「人々のくらしの様子と道具」について調べることを伝える。
②本時の学習課題を提示する。
③洗濯板体験の説明と注意事項を伝える。
　＊洗濯石鹸を使う場合→アレルギー等に配慮
　＊屋外で作業→熱中症等に注意して行う。

調べる（65分　＊体験30分を含む）

①洗濯板体験を行い、感想を話し合わせる。
②資料（おじいさん・おばあさんの話）から、昭和5年ごろのくらしの様子を読み取らせる。
③二槽式洗濯機と全自動洗濯機について、どんな動力で動くのか、人の手が必要かを調べさせる。
(昭和45年ごろのくらしの様子や二槽式洗濯機については、40代以上の先生に語ってもらう)

まとめる（10分）

①本時の学習のまとめを書かせる。
②振り返りを書かせる。
　くらしの様子が変わってきたことについて、考えたことを書きましょう。

本時のポイント…先生方や職員さんの過去の体験や居住地など、職員室内は社会科の学習に活用できる人材の宝庫です。いろいろな学年、単元で活用しましょう。

2章

授業の流れが一目でわかる！社会科3年板書型指導案

「市の様子の移り変わり」 7・8／9時

ねらい 調べたことを年表にまとめ，市の移り変わりの様子について話し合い，学習問題の結論を考える。

つけたい力と評価

これまで調べたことを年表にまとめ，市の移り変わりについて話し合い，学習問題の結論を考え，表現している。

思考力・判断力・表現力等

課題 調べたことを年表にし，学習問題のけつろんをまとめよう。

学習問題 川口市の様子はどのようにかわってきたのだろうか。

学習問題のけつろん 川口市の様子は，人口がふえるにつれて住たくがふえ，道路や鉄道，公共しせつも整備された。人びとのくらしも電化せい品がふえ，かわってきた。

	昭和5年	昭和45年	平成30年
人口	2万2200人	34万5500人	60万3000人
土地の使われ方	田や畑が多い。	住たくがふえる。	住たくやマンション，店
道路や鉄道	昔からの道	道路，鉄道，駅がふえる。	広い道路，地下鉄
公共しせつ	少ない。	学校がふえる。	各地区にある。
道具とくらし	手で作業するための道具	電化せい品がふえる。	自動化，インターネット

・住みやすくなった。
・市役所のはたらき
・へんかしてきた。

つかむ（10分）

①本時の学習課題を提示する。
②学習問題を確認する。
③ワークシート（年表）を配る。

調べる（65分）

①これまでの学習で使った資料を見せながら，学習を振り返らせる。
②各グループでこれまでのノートを根拠に使いながら，年表を記入させる。 **Point**
③年表にまとめたことを，発表し合わせる。
④「つまり，どう変わったか」について話し合わせる。

まとめる（15分）

①学習問題の結論を書かせる。
②振り返りを書かせる。
　教 学習問題の結論について，自分の考えを書きましょう。

本時のポイント…年表は，1つのグループを取り上げ，記入したものを黒板に提示します。その後，異なる点があるグループを中心に発表をさせ，話し合います。

① 身近な地域や市の様子
② 地域に見られる仕事（生産）
③ 地域に見られる仕事（販売）
④ 地域の安全を守る働き（消防）
⑤ 地域の安全を守る働き（警察）
⑥ 市の様子の移り変わり

2章 授業の流れが一目でわかる！社会科3年板書型指導案

「市の様子の移り変わり」 9／9時

ねらい　市内の外国人居住者数を調べ，これからの川口市をもっと住みよいまちにする取り組みについて考える。

つけたい力と評価

市内の外国人居住者数を調べたことをもとに，これからの川口市をもっと住みよいまちにする取り組みを考えようとしている。

主体的に関わろうとする態度

課題　今後，予想される川口市のへんかを調べ，もっと住みよいまちにする取り組みを話し合おう。

まとめ　川口市をもっと住みよいまちにしていくために，

＜市内の外国人居住者数＞

・平成20～29年
　一番人口がふえた＝外国人
　　予想
　　これから，さらにふえる。

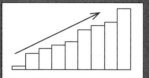

・ふだんの生活で，なやみ
　・言葉が話せない。読めない。
　　（会話，かん板，標しきなど）
　・日本語を習う場所　少ない。
　・習かんがちがう。（食べ物，文化など）

Aグループ
標しきや案内板に英語を表示する。
◎みんなが読める。

Cグループ
公民館で日本語教室を開く。
◎勉強できる。

Bグループ
外国語ボランティアをふやす。
◎手助けできる。

つかむ（10分）

①市内の外国人居住者数のグラフを提示し，外国人が増えていることを読み取らせる。
②市内に住む外国人のインタビュー記事を読んで，外国人は何に困っているか，つかませる。
③本時の学習課題を提示する。

調べる（25分）

①市役所が外国人に対する取り組みを行っていることを市の広報誌から読み取らせる。
②今ある交通網や公共施設が，どのようになったらよいか，グループごとに考えさせる。
③理由を明らかにしながら，グループごとに発表し，意見交流をさせる。

まとめる（10分）

①今後の川口市をもっと住みよいまちにしていくために，どんな取り組みが必要か，自分の考えをノートに書かせる。
教「川口市をもっと住みよいまちにしていくために」に続けて自分の考えを書きましょう。

本時のポイント…ここでは，「どんな取り組みを行うか」よりも，「その取り組みがなぜ，何のために必要か」を説明させることが大切です。

3章 授業の流れが一目でわかる！社会科4年板書型指導案

3章 授業の流れが一目でわかる！社会科4年板書型指導案

① 県の様子
② 住みよいくらし（水）
③ 住みよいくらしごみ
④ 自然災害から人々を守る活動
⑤ 県内の統治や文化伝
⑥ 先人の働き
⑦ 県内の特色ある地域の様子

「県の様子」 1／10時

ねらい 日本の中の埼玉県の位置について，地図帳を活用して調べる。

つけたい力と評価

日本全国から見た自分たちの県の位置やまわりに位置する都道府県の名称を理解している。

知識及び技能

課題 埼玉県は日本のどこにあるのだろうか。

まとめ 埼玉県は関東地方の中心にあり，6つの県と東京都にかこまれている。

47都道府県

北海道地方
東北地方
関東地方
中部地方
近畿地方
中国地方
四国地方
九州地方

＜埼玉県のまわりの県＞
東…茨城県，千葉県
西…長野県，山梨県
南…東京都
北…群馬県，栃木県

つかむ（10分）

①地図帳から埼玉県の位置を調べる。

教 みんなが生活している埼玉県を地図帳から見つけることができますか。

児 ありました。

②教 では，埼玉県の位置を説明することはできますか？

③本時の学習課題を提示する。

調べる（25分）

①日本地図を提示する。

②地図帳から都道府県の数を数えさせ，47の都道府県があることを確認する。

③地図帳から地方区分を調べさせ，埼玉県が関東地方にあることを確認する。

④関東地方の地図を提示し，埼玉県のまわりにはどんな県がどの方角にあるか調べさせる。

まとめる（10分）

①本時のまとめを書かせる。

教 今日調べたことをもとに埼玉県の位置を説明してみましょう。 **Point**

②本時のまとめを発表させ，埼玉県の位置を様々な言い方で説明させる。

本時のポイント…埼玉県の位置を説明させることで「我が国における自分たちの県の位置」を理解させることができます。

「県の様子」 2／10時

ねらい　埼玉県について知っていることを分類・整理し、学習問題をつくる。

つけたい力と評価

埼玉県について知っていることを分類・整理し、埼玉県の様子について調べるための学習問題を見出し、学習計画を考えている。

思考力・判断力・表現力等

課題　埼玉県について知っていることを出し合い、学習問題をつくろう。

学習問題　埼玉県はどのような県なのだろうか。

＜埼玉県について知っていること＞
○まち
　さいたま市…サッカーで有名。
　熊谷市（くまがや）………暑さで有名。
○食べ物
　深谷ねぎ（ふかや）、草加せんべい（そうか）、小松菜
○交通
　大宮駅（おおみや）……いろいろな新幹線（しんかんせん）が通っている。
　高速道路…いろいろなところにつながっている。

＜調べること＞
・埼玉県の地形
・埼玉県の土地利用
・埼玉県の主な市や町
・埼玉県の交通の広がり
・埼玉県の主な産業

つかむ（5分）
①前時の振り返りから、これから埼玉県についてもっと調べていくことを確認する。
②本時の学習課題を提示する。

調べる（25分）
①児童の生活経験をもとに、埼玉県について知っていることをノートに書かせる。
　教　埼玉県について知っていることをノートに書いてみましょう。
②埼玉県について知っていることを発表させ、内容ごとに分類・整理する。

まとめる（15分）
①**教**　埼玉県についてもっと知るために、埼玉県のことについて調べる学習問題をつくりましょう。
②学習問題をつくる。
③3年生の「市の様子」の学習を想起させ、調べることを話し合わせ、決める。　**Point**

Point 本時のポイント…3年生の「市の様子」で調べたことをもとに調べることを考えさせることで、県の地理的環境の特色を調べることができるようになります。

3章
授業の流れが一目でわかる！社会科4年板書型指導案

「県の様子」 3／10時

ねらい 埼玉県の人口の分布から主な都市の名称や位置について調べ，白地図にまとめる。

つけたい力と評価

人口の多い市町村と少ない市町村をランキングから読み取り，白地図にまとめている。

知識及び技能

課題 埼玉県にはどのようなまちがあるのだろうか。

まとめ 埼玉県にはたくさんのまちがある。人口の多いまちは東側にあり，人口の少ないまちは西側にある。

人口の多い市町村と少ない市町村のランキング

○人口の多いまち
さいたま市，川口市，川越市，所沢市，草加市，上尾市，春日部市，熊谷市，新座市

○人口の少ないまち
東秩父村，長瀞町，横瀬町，皆野町，美里町

つかむ（10分）

①埼玉県の知っている市町村の名前を挙げさせる。

🏫 埼玉県で川口市以外に知っているまちはありますか？

🧒 さいたま市，越谷市，秩父市…。

②本時の学習課題を提示する。

調べる（25分）

①「人口の多い市町村と少ない市町村のランキング」を提示し，トレーシングペーパーに色を分けて塗らせる。**Point**

②🏫 （塗り分けた色のちがいから）人口が多いまちと少ないまちはどのように広がっていますか？

まとめる（10分）

①本時のまとめを書かせ，発表させる。

②次時の学習につなげるために，なぜ人口の多いまちが東側に多く，人口の少ないまちが西側に多いのかを考えさせる。

Point 本時のポイント…主な都市の位置を理解することで，今後の学習で分布を見ていくときの位置関係がわかりやすくなります。

① 県の様子
② 住みよいくらし（水）
③ 住みよいくらしごみ
④ 自然災害から人々を守る活動
⑤ 県内の統計や文化伝
⑥ 先人の働き
⑦ 県内の特色ある地域の様子

「県の様子」 4／10時

ねらい 埼玉県の交通の様子について調べ、白地図にまとめることを通して、東京都とのつながりに気づく。

つけたい力と評価

主な道路や鉄道が南北方向に広がっていることから、埼玉県の交通の様子から東京都とのつながりについて考え、表現している。

―――――――

思考力・判断力・表現力等

課題
県内の交通はどのように広がっているのだろうか。

まとめ
県内の交通は南北方向に広がっている。県の南側には大きな道路や鉄道が広がっていて、それらは東京都へとつながっている。

＜主な道路＞
○高速道路
　東北自動車
　関越自動車道
　東京外環自動車道
　首都圏中央連絡自動車道
　首都高速道路
○国道

＜主な鉄道＞
○新幹線
　東北新幹線　上越新幹線
○JR
　京浜東北線　埼京線
　宇都宮線　高崎線
　武蔵野線　八高線
　川越線
○私鉄

つかむ（10分）
①通ったことがある道路や使ったことがある鉄道を挙げさせる。
②本時の学習課題を提示する。

調べる（25分）
①県内を通る主な道路と鉄道を描いたトレーシングペーパーに道路と鉄道で色を分けて塗らせる。
②教（色を塗ってみて）道路や鉄道はどのように広がっていますか？

まとめる（10分）
①東京都の主な道路や鉄道を記した地図を提示し、埼玉県の地図とつなげる。
②調べたことと東京都の地図をつなげて気づいたことから、本時のまとめを書かせ、発表させる。
　教　埼玉県の交通の特色は何でしょう？

Point 本時のポイント…埼玉県の場合、県の地理的環境の特色として、東京都への交通の便がよいことをおさえることが大切です。

3章　授業の流れが一目でわかる！社会科4年板書型指導案

「県の様子」 5／10時

ねらい 埼玉県の土地の様子について調べ，白地図にまとめる。

つけたい力と評価

埼玉県の地形は東西にちがいがあり，地形に応じて土地利用が異なることを理解している。

知識及び技能

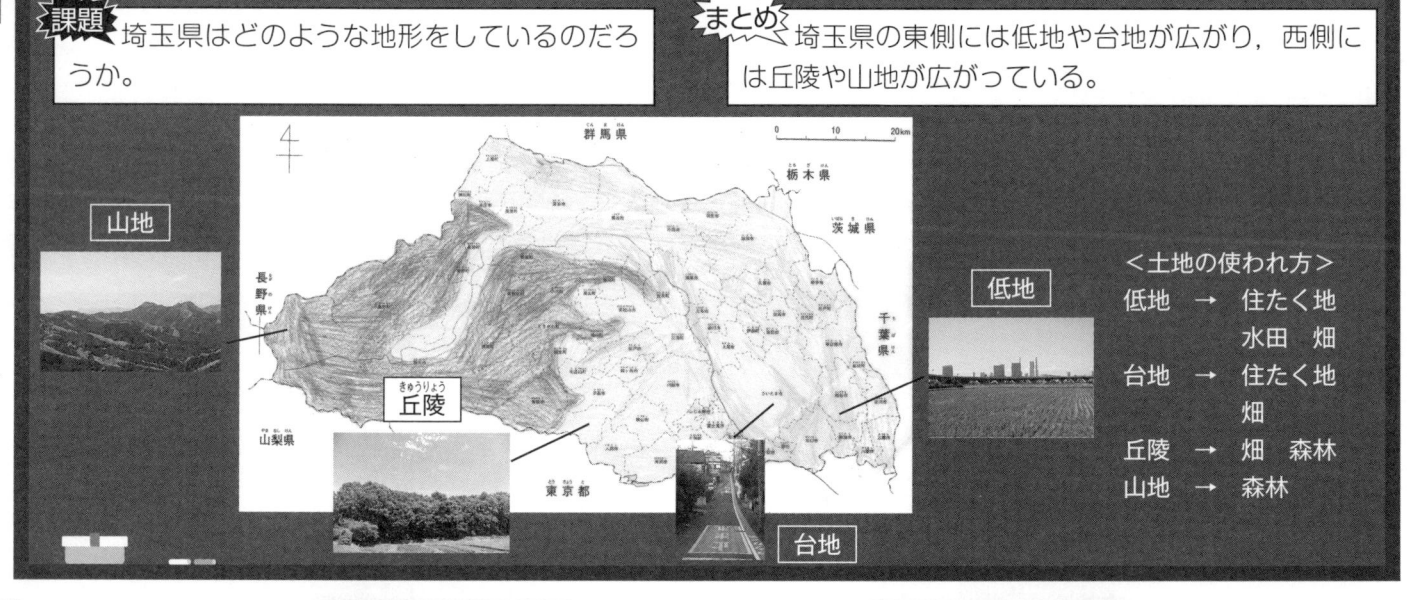

課題 埼玉県はどのような地形をしているのだろうか。

まとめ 埼玉県の東側には低地や台地が広がり，西側には丘陵や山地が広がっている。

＜土地の使われ方＞

低地 → 住たく地
　　　　水田　畑

台地 → 住たく地
　　　　畑

丘陵 → 畑　森林

山地 → 森林

つかむ（10分）

①3年生の「市の様子」で学習した市の土地の様子を振り返らせる。
- 教 わたしたちの市には，どのような地形がありましたか？
- 児 台地と低地です。

②本時の学習課題を提示する。

調べる（25分）

①地形ごとに区分したトレーシングペーパーに色を分けて塗らせる。

② 教 （塗り分けた色のちがいから）地形はどのように広がっていますか？

③各土地の様子の写真を提示し，それぞれの土地がどのように利用されているのかを読み取らせる。

まとめる（10分）

①地形と土地利用には関係があることを確認する。

②本時のまとめを書かせ，発表させる。 **Point**
- 教 埼玉県の地形の特色は何でしょう？

Point 本時のポイント…地形と土地利用の関係をおさえておくことで，その他の要素（農業，工業）の学習につながります。

①県の様子
②住みよいくらし（水）
③住みよいくらし（ごみ）
④自然災害から人々を守る活動
⑤県内の伝統や文化
⑥先人の働き
⑦県内の特色ある地域の様子

「県の様子」 6／10時

ねらい　埼玉県の農業の様子について調べ、白地図にまとめる。

つけたい力と評価

農地の分布と地形や交通の広がりを関連づけ、埼玉県の農業の特色について考え、表現している。

思考力・判断力・表現力等

課題　埼玉県の農業には、どのような特色があるのだろうか。

まとめ　埼玉県の北側や東側の低地や台地では、野菜や花の生産がさかんで、つくられた農産物は東京都や近くの県へ運ばれていく。

全国で生産量が上位に入る埼玉県の農産物

○野菜
　ネギ　ホウレンソウ
　サトイモ　小松菜
　ブロッコリー　カブ
○花
　パンジー　ユリ
　チューリップ　ラン

＜農地が広がっているところ＞
○県の北側や東側
　⇒低地や台地
○大きな道路の近く
　（広いき農道など）
　⇒東京都や近くの県へ運ばれる。

つかむ（10分）

①埼玉県で有名な農産物を挙げさせる。
②本時の学習課題を提示する。
③「全国で生産量が上位に入る埼玉県の農産物」を提示し、埼玉県の農産物を確認する。

調べる（25分）

①教　このような農産物はどこでつくられているのでしょうか？
②農地が広がっているところを示したトレーシングペーパーに色を塗らせる。
③教　（塗色を塗ってみて）農地はどのように広がっていますか？
④農地の分布について考えさせる。

まとめる（10分）

①前時までの学習を振り返り、農地の分布は地形や交通と関係があることを確認する。
②本時のまとめを書かせ、発表させる。
　教　埼玉県の農業の特色は何でしょう？

本時のポイント…農地の分布を見るときには、地形や交通との関係と併せて見ることで、より理解が深まります。

3章 授業の流れが一目でわかる！社会科4年板書型指導案

「県の様子」 7／10時

ねらい 埼玉県の工業の様子について調べ，白地図にまとめる。

つけたい力と評価

工場の分布と地形や交通の広がりを関連づけ，埼玉県の工業の特色について考え，表現している。

思考力・判断力・表現力等

課題 埼玉県の工業には，どのような特色があるのだろうか。

まとめ 埼玉県の南側や東側の低地や台地では，食品や薬品の生産がさかんで，つくられた製品は東京都や全国へ運ばれていく。

全国で生産量が上位に入る埼玉県の工業製品（せいひん）

○食品
　めん　お弁当（べんとう）
　サンドイッチ
　お菓子（かし）　アイス
○薬品
　医薬品

（白地図）

<工場が広がっているところ>
○県の南側や東側
　⇒低地や台地
○大きな道路や鉄道の近く
　（高速道路など）
　⇒製品が東京都や全国へ
　　運ばれる。
　⇒工場で働く人が通うため。

つかむ（10分）

①埼玉県で有名な工業製品を挙げさせる。
②本時の学習課題を提示する。
③「全国で生産量が上位に入る埼玉県の工業製品」を提示し，埼玉県の有名な工業製品について確認する。

調べる（25分）

①教　このような工業製品はどこでつくられているのでしょうか？
②工場が広がっているところを示したトレーシングペーパーに色を塗らせる。
③教　（塗色を塗ってみて）工場はどのように広がっていますか？

まとめる（10分）

①工場の分布は地形や交通と関係があることを確認する。
②本時のまとめを書かせ，発表させる。
　教　埼玉県の工業の特色は，何でしょう？

Point

Point 本時のポイント…工場の分布を見るときには，地形や交通との関係と併せて見ることで，より理解が深まります。

94

「県の様子」 8／10時

ねらい これまでの学習を振り返り，埼玉県の地理的環境の特色を学習問題の結論として導き出す。

つけたい力と評価

県の様子について学習してきたことを比較したり，総合したり，関連づけたりすることで，地理的環境の特色を考え，表現している。

思考力・判断力・表現力等

課題 これまでの学習をふり返り，学習問題の結ろんを考えよう。

低地 →東　　山地→西
人口多→南東　人口少→北西
交通多→東　　交通少→西
農業多→東　　農業少→西
工業多→東　　工業少→西

学習問題の結ろん 埼玉県の様子は東側と西側ではちがいがある。埼玉県は東京都とのつながりが深い県で，まちの位置や交通，農業や工業の広がりも東京都と関係がある。

東京都とのつながりが深い。

つかむ（10分）

①これまで着色してきたトレーシングペーパーを用意させ，一つ一つの要素を振り返らせる。
②本時の学習課題を提示する。

調べる（25分）

①これまで着色してきたトレーシングペーパーを重ね合わせ，関係しているところを探させる。
②都市の位置や地形，交通の広がりや農業，工業の分布の関係性について気づいたことを話し合わせる。

まとめる（10分）

①関係性をまとめ，埼玉県の地理的環境に大きな影響を与えているものは東京都とのつながりであることに気づかせる。
②本時のまとめを書かせ，発表させる。 **Point**

本時のポイント…埼玉県の地理的環境の特色は東京都とのつながりの中でできてきたことに気づかせます。

3章 授業の流れが一目でわかる！社会科4年板書型指導案

「県の様子」 9・10／10時

ねらい 学習してきたことを生かして，都道府県クイズをする。

つけたい力と評価

都道府県クイズを通して，様々な都道府県について興味・関心をもち，自分たちの県のよさを感じようとしている。

主体的に関わろうとする態度

【課題】都道府県クイズをしよう。

＜都道府県クイズのカードのつくり方＞

①47都道府県の名前をカードの表に書く。
②地図帳から都道府県の有名なもの（特産品など）を3つ調べて，カードのうらに書く。

表

愛媛県

裏

①みかん
②マダイ
③道後温泉

＜都道府県クイズのルール＞

①相手と同時にカードを出す。（特産品などを書いた面を相手に見せる）
②先に都道府県名を言い当てた方が勝ち。
③10まい出し合って，多く答えられた方が勝利となる。

つかむ（10分）

①本時の課題を提示し，学習の進め方を確認する。
・都道府県クイズを行うこと
・地図帳から自分たちで調べて問題をつくること

調べる（70分）

①地図帳から各都道府県の名称と有名なもの（特産品など）を調べさせ，カードに書かせる。
②カードを使い，都道府県クイズを行わせる。

Point

まとめる（10分）

①都道府県クイズの感想や他の都道府県の特徴と埼玉県の特徴とを比べて感じたことなどを学習の振り返りとして書かせる。

本時のポイント…都道府県名をただ覚えさせるのではなく，特産品などと結びつけて覚えさせることで，学習の中で活用できる知識にすることができます。

① 県の様子
② 住みよいくらし（水）
③ 住みよいくらし（ごみ）
④ 自然災害から人々を守る活動
⑤ 県内の伝統や文化
⑥ 先人の働き
⑦ 県内の特色ある地域の様子

96

3章 授業の流れが一目でわかる！社会科4年板書型指導案

「住みよいくらし（水）」1／10時

ねらい 水と自分たちの生活から，水道水の供給の経路について考え，学習問題をつくる。

つけたい力と評価

自分たちの生活の中で大量に使われている水道水の供給の経路について予想しようとしたり，追究しようとしたりしている。

主体的に関わろうとする態度

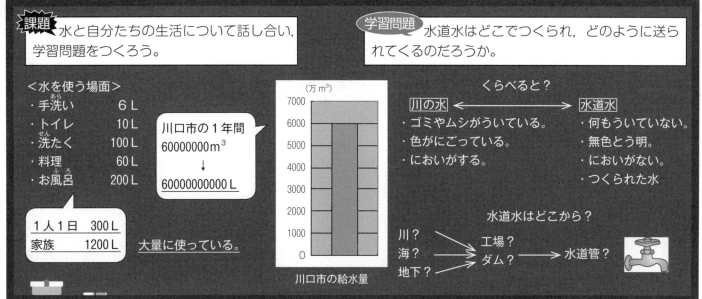

課題 水と自分たちの生活について話し合い，学習問題をつくろう。

学習問題 水道水はどこでつくられ，どのように送られてくるのだろうか。

＜水を使う場面＞
- 手洗い　　6 L
- トイレ　　10 L
- 洗たく　　100 L
- 料理　　　60 L
- お風呂　　200 L

川口市の1年間
60000000 m³
↓
60000000000 L

1人1日　300 L
家族　　1200 L

大量に使っている。

川口市の給水量（万 m³）

くらべると？
川の水 ⇔ 水道水
・ゴミやムシがういている。　・何もういていない。
・色がにごっている。　　　　・無色とう明。
・においがする。　　　　　　・においがない。
　　　　　　　　　　　　　　・つくられた水

水道水はどこから？
川？　　　　工場？
海？　　　　ダム？　→　水道管？
地下？

つかむ（10分）

①生活の中で水を使う場面を想起させる。
　教 みんなは生活の中のどんな場面で水を使っていますか。
　児 手を洗うときです。
②本時の学習課題を提示する。

調べる（15分）

①資料から水を使う場面で使われる水の量を調べさせ，一人当たり，一家庭当たりの水の使用量を確認する。
②川口市の給水量をグラフから読み取らせ，1年間の川口市の給水量を確認し，川口市の人たちが使っている水の量はとても多いことに気づかせる。

まとめる（20分）

①教師が汲んできた川の水と水道水のちがいを考えさせ，水道の水はつくられた水であることを確認する。
②水道の水はどこから来たのか考えさせ，図に描かせる。
③考えのちがいや，知識の曖昧さから学習問題をつくる。

Point

本時のポイント…川の水と水道水のちがいを実物資料を使い比べさせることで，水道水が人の手によってつくられた水であることに気づくことができます。

3章 授業の流れが一目でわかる！社会科4年板書型指導案

「住みよいくらし（水）」2／10時

ねらい 地図帳や文献資料を活用し，水源地の位置や水源地の人たちの取り組みを調べる。

つけたい力と評価

地図帳から水源地の位置を調べたり，文献資料から水源地の人々の取り組みを読み取ったりすることを通して，水道水の供給には県外の人々の協力があることを理解している。

――――――――

知識及び技能

【課題】水道水の始まりはどこなのだろうか。

【まとめ】水道水の始まりは群馬県や栃木県にある水源地である。水源地の人たちは，水源を守るための活動を通して，協力してくれている。

水源地（すいげんち）　利根川（とね）　大水上山（おおみなかみやま）
（群馬県みなかみ町）

水源地　渡良瀬川（わたらせ）　すかい山
（栃木県日光市（にっこう））

＜町の人たちの取り組み＞
植林　間ばつ
⇒水源地を守ってくれている。

他県の人たちの協力

つかむ（10分）

①第1時の予想を振り返り，本時の学習課題を提示する。
②水源となる川の名前を示し，地図帳から水源地の位置を探させる。

調べる（25分）

①水源地がある都道府県名や市町村名，山の名前などを調べさせ，確認する。
②水源地の人々の水源を守るための取り組みについて文献資料をもとに調べさせる。

まとめる（10分）

①水源地の位置や水源地の人々の水源を守るための取り組みなどから，本時のまとめをさせ，水道水の供給には県外の人々の協力があることに気づかせる。

Point

本時のポイント…水源地の位置や水源地の人々の取り組みを調べさせることで，水道水の供給には県外の人々の協力があることを理解させることができます。

98

① 県の様子
② 住みよいくらし（水）
③ 住みよいくらし（ごみ）
④ 自然災害から人々を守る活動
⑤ 県内の伝統や文化
⑥ 先人の働き
⑦ 県内の特色ある地域の様子

3章 授業の流れが一目でわかる！社会科4年板書型指導案

「住みよいくらし（水）」 3／10時

ねらい ダムの分布図や文献資料を活用し，ダムの働きについて調べる。

つけたい力と評価

ダムの分布図や文献資料からダムは県外に多くあり，大量の水をたくわえることで，川の水量を調整し，水道水の安定供給を果たしていることを理解している。

知識及び技能

課題 ダムはどのような働きをしているのだろうか。

まとめ 利根川のダムは上流の群馬県にたくさんあり，大量の水をたくわえることで川の水量を調整している。

250000000000 L の水をたくわえている。

利根川・渡良瀬川にはたくさんのダムがある。 ⇒他県の協力

24時間 365日 人が管理している。

ダムの働き
①たくさんの水をたくわえる。
②河川の洪水をふせぐ。
③発電をする。

つかむ（10分）

①地図帳を活用し，水源地から川の流れをたどらせることで，ダムの存在に気づかせる。
②本時の学習課題を提示する。

調べる（25分）

①ダムの分布図から水源となる川の上流には，たくさんのダムが存在することを確認する。
②ダムの写真や文献資料からダムの働きについて調べさせる。

まとめる（10分）

①ダムの分布や働きから，本時のまとめをさせ，水道水の供給には県外の人々の協力やダムを管理する人たちの工夫や努力があることに気づかせる。 **Point**

本時のポイント…県外の人々の協力やダムを管理する人々の工夫や努力が水道水の安定供給を果たしていることを理解させます。

「住みよいくらし（水）」 4／10時

3章 授業の流れが一目でわかる！社会科4年板書型指導案

ねらい 利根川と江戸川の経路や川を分流する水門の働きについて調べる。

つけたい力と評価

地図帳や航空写真から水道水の供給の経路を読み取ったり，水門や堰の写真，文献資料から水門や堰の働きを読み取ったりしている。

知識及び技能

課題 利根川（とね）の水はどのように川口市まで来るのだろうか。

まとめ 利根川は関宿水門によって江戸川に分流される。利根川の水は江戸川の水となって埼玉県の東側や南側へと送られてくる。

利根川

茨城県

☆

利根川
千葉県や茨城県へ

江戸川（えど）

埼玉県や東京都へ

関宿水門（せきやど）

埼玉県

千葉県

＜水門やせきの働き＞
①河川（かせん）を分流する。
②河川の洪水（こうずい）をふせぐ。

つかむ（10分）

①地図帳を活用し，ダムから川の流れをたどらせることで，利根川の流れは川口市から離れていくことを確認する。
②本時の学習課題を提示する。

調べる（25分）

①地図帳や航空写真から利根川が分流する地点を探させる。
②関宿水門の写真と文献資料から水門や堰の働きについて調べさせる。

まとめる（10分）

①水門や堰の働きから，本時のまとめをさせ，水道水の供給には経路を変えるための施設や設備があることに気づかせる。

Point

本時のポイント…水門や堰によって，様々な地域に水道水を供給する経路が確保されていることに気づかせます。

---

① 県の様子
② 住みよいくらし（水）
③ 住みよいくらし・ごみ
④ 自然災害から人々を守る活動
⑤ 県内の伝統や文化
⑥ 先人の働き
⑦ 県内の特色ある地域の様子

「住みよいくらし（水）」5・6／10時

ねらい 新三郷浄水場の機械や設備，働く人の仕事の様子から，水をきれいにするしくみを調べる。

つけたい力と評価

教科書や浄水場のパンフレット，働く人の話や写真資料から，浄水場で働く人たちの工夫や努力を読み取っている。

知識及び技能

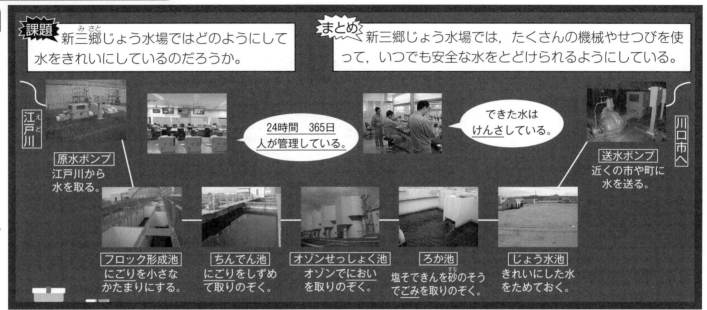

課題 新三郷じょう水場ではどのようにして水をきれいにしているのだろうか。

まとめ 新三郷じょう水場では，たくさんの機械やせつびを使って，いつでも安全な水をとどけられるようにしている。

24時間 365日 人が管理している。

できた水はけんさしている。

江戸川／原水ポンプ：江戸川から水を取る。

川口市へ／送水ポンプ：近くの市や町に水を送る。

- フロック形成池：にごりを小さなかたまりにする。
- ちんでん池：にごりをしずめて取りのぞく。
- オゾンせっしょく池：オゾンでにおいを取りのぞく。
- ろか池：塩そできんを砂のそうでごみを取りのぞく。
- じょう水池：きれいにした水をためておく。

つかむ（10分）
①本時の学習課題を提示する。
②第1時の川の水と水道水の比較を振り返り，浄水場ではどのように水をきれいにしているのか予想させる。

調べる（70分）
①教科書や浄水場のパンフレットから，浄水場で水がきれいにされるまでの流れを調べさせる。
②調べたことを発表させながら，水がきれいにされるまでの流れを黒板にまとめる。
③浄水場で働く人たちの話や写真から，浄水場で働く人たちの仕事の様子を調べさせる。

まとめる（10分）
①教 なぜ新三郷浄水場で働く人たちは，こんなにたくさんの機械や設備を使って水をきれいにしているのでしょうか？
児 みんなに安全な水をいつでも届けられるようにするためです。
②安全で安心な水を安定的に届けられるようにしていることを確認する。
③本時のまとめをさせる。

Point

本時のポイント…一つ一つの機械や設備の名称が大切なのではなく，安心で安全な水を安定的に届けるという役割が大切であることを確認します。

「住みよいくらし（水）」7／10時

ねらい 市の水道局の人たちの仕事の様子から，水道局の人たちの工夫や努力について調べる。

つけたい力と評価

市の水道局の人たちは県の浄水場でつくられた水を管理し，いつでも安心して使えるように様々な仕事をしていることを理解している。

知識及び技能

課題 新三郷じょう水場でつくられた水はどのようにしてわたしたちのところへと運ばれてくるのだろうか。

まとめ 新三郷じょう水場でつくられた水は，川口市の配水場に運ばれ，水道局の人たちによって家庭まで運ばれる。

川口市水道局の仕事

水しつけんさ

水の管理

浄水場・配水場の場所

水を多く使う時間や少ない時間には，水を送る量を調節する。

地区ごとにじょう水場や配水場がある。

古くなった水道管を地しんに強い新しい水道管にかえる。

水道管
配水場から送り出された水は，水道管を通って家までとどけられる。

※川口市内の水道管をすべてつなげると1445kmになり，埼玉県から沖縄県までとほぼ同じきょりになる。

つかむ（10分）

①本時の学習課題を提示する。
②学習課題に対する予想をさせる。

調べる（25分）

①教科書や市の水道局のホームページから水道局の人たちの仕事の様子を調べさせる。
②浄水場や配水場の分布図から，市内のどこにでも水を送れるようにしていることを読み取らせる。
③水道管の役割と水道管を保守・点検している水道局の人たちの仕事の様子を調べさせる。

まとめる（10分）

①前時の学習のまとめを振り返らせ，市の水道局も県の水道局と同様に安全で安心な水をいつでも届けられるようにしていることに気づかせる。
②本時のまとめをさせる。

Point

本時のポイント…前時を振り返らせることで，市の水道局も安心で安全な水を安定的に届けるという役割を果たしていることに気づかせます。

「住みよいくらし(水)」8／10時

3章 授業の流れが一目でわかる！社会科4年板書型指導案

ねらい これまで調べてきたことをもとに水の流れを図にまとめ，学習問題の結論を導き出す。

つけたい力と評価

水の流れを図にまとめる活動を通して，それぞれの役割を関連づけたり総合したりし，学習問題の結論を導き出している。

思考力・判断力・表現力等

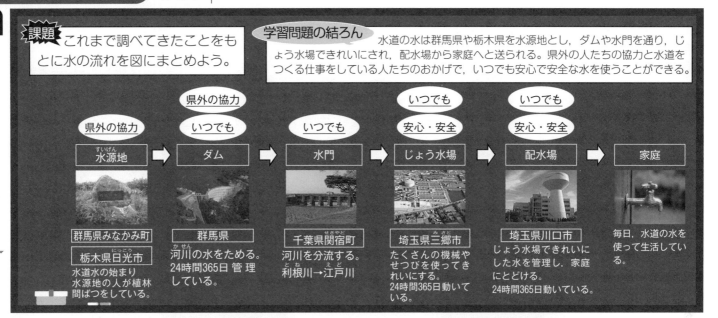

課題 これまで調べてきたことをもとに水の流れを図にまとめよう。

学習問題の結ろん 水道の水は群馬県や栃木県を水源地とし，ダムや水門を通り，じょう水場できれいにされ，配水場から家庭へと送られる。県外の人たちの協力と水道をつくる仕事をしている人たちのおかげで，いつでも安心で安全な水を使うことができる。

県外の協力 → 県外の協力 → いつでも → いつでも → いつでも 安心・安全 → いつでも 安心・安全

水源地 → ダム → 水門 → じょう水場 → 配水場 → 家庭

- 群馬県みなかみ町／栃木県日光市：水道水の始まり　水源地の人が植林間ばつをしている。
- 群馬県：河川の水をためる。24時間365日管理している。
- 千葉県関宿町：河川を分流する。利根川→江戸川
- 埼玉県三郷市：たくさんの機械やせつびを使ってきれいにする。24時間365日動いている。
- 埼玉県川口市：じょう水場できれいにした水を管理し，家庭にとどける。24時間365日動いている。
- 毎日，水道の水を使って生活している。

つかむ（10分）

①これまで調べてきた水の経路に関わる資料を提示し，本時の学習課題を提示する。

調べる（25分）

①教科書やノートをもとに，これまでの学習を振り返りながら，水の流れを図にまとめさせる。
②作成した図を発表させ，水道水が供給されるまでの経路を黒板にまとめる。
③それぞれの役割について話し合わせ，「県外の協力」「いつでも」「安心・安全」の3つのキーワードを導き出させる。 **Point**

まとめる（10分）

①「県外の協力」「いつでも」「安心・安全」の3つのキーワードを用いて，学習問題の結論を書かせる。

本時のポイント…水を供給する経路のそれぞれの役割をキーワードにして表すことで，具体的な知識を概念的な知識に高めます。

3章 授業の流れが一目でわかる！社会科4年板書型指導案

「住みよいくらし（水）」9／10時

ねらい 水を供給するしくみの変遷を調べ，水道事業がわたしたちの生活に果たす役割を考える。

つけたい力と評価

水を供給するしくみを時期や時間の経過に着目して調べることで，しくみの変化がわたしたちの生活の向上を図ってきたことを考え，表現している。

思考力・判断力・表現力等

課題 今の水道のしくみができるまでは，どのように水を手に入れていたのだろうか。

学習問題の結ろん 水道のしくみが整えられてきたことでわたしたちは伝染病や水不足に苦しむことなく，いつでも安心で安全な水を手に入れられるようになった。

江戸・明治・大正 → 昭和のはじめから中ごろ → 昭和の中ごろからげんざい

地下水
人口増加・水不足 → 地下水 人口増加・水不足 → 地下水 人口増加・水不足 地盤沈下 → いつでも げんざいのしくみへ
伝染病 → 伝染病

安心・安全

水道のふきゅうりつ

つかむ（10分）

①前時にまとめたフローチャート図から現在の水道のしくみを振り返り，本時の学習課題を提示する。
②3つの水の出口の写真を提示し，古い順に並べ替えさせる。

調べる（25分）

①時代ごとに水がどのような方法で供給されていたのか，そのしくみにはどのような問題点があったのかを資料から読み取らせる。
②調べてわかったことを発表させ，まとめていく。
③前時の学習を振り返らせ，「安心・安全」「いつでも」という2つのキーワードとの関係を考えさせる。

まとめる（10分）

①教 水を手に入れる方法が変わってきたことでわたしたちの生活にどのような変化がありましたか？ **Point**
児 様々な問題が解決され，みんながいつでも安心で安全な水を飲めるようになりました。
②前時の学習問題の結論に本時の学習内容を追記させる。

本時のポイント…水を供給するしくみの変化がわたしたちの健康な生活や生活環境の維持と向上をもたらしたことに気づかせます。

「住みよいくらし（水）」10／10時

ねらい　水を大切にしていくために，自分たちができることを考える。

つけたい力と評価

水は限りある資源であることに気づき，水を大切にするために自分たちができることを考え，選択・判断したことを表現している。

思考力・判断力・表現力等

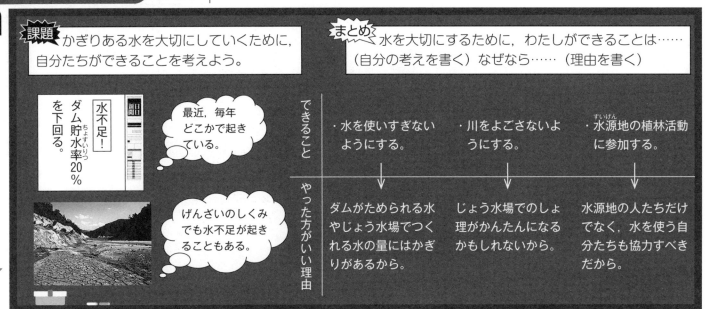

課題　かぎりある水を大切にしていくために，自分たちができることを考えよう。

まとめ　水を大切にするために，わたしができることは……（自分の考えを書く）なぜなら……（理由を書く）

板書内容：
- 水不足！ダム貯水率20％を下回る。（新聞記事）
- 最近，毎年どこかで起きている。
- げんざいのしくみでも水不足が起きることもある。

できること	・水を使いすぎないようにする。	・川をよごさないようにする。	・水源地の植林活動に参加する。
やった方がいい理由	ダムがためられる水やじょう水場でつくれる水の量にはかぎりがあるから。	じょう水場でのしょ理がかんたんになるかもしれないから。	水源地の人たちだけでなく，水を使う自分たちも協力すべきだから。

つかむ（10分）

①近年の水不足のニュースや新聞記事から，水が限りある資源であることに気づかせる。
②「枯渇するダム」の写真を提示し，現在のしくみが機能しないことがあることに気づかせる。
③本時の学習課題を提示する。

調べる（25分）

①自分たちにできることを考えさせ，グループで話し合わせる。その際，なぜやった方がよいのか，これまでの学習で学んだことを根拠に理由づけできるようにする。**Point**
②発表させる。
③「できること」「やった方がいい理由」と分けて板書し，矢印でつなぐ。

まとめる（10分）

①自分の考えをまとめさせる。その際も，「できること」と「やった方がいい理由」をしっかり分けて書けるようにする。

本時のポイント…ただ自分たちにできることを考えるのではなく，学んだことや資料を根拠に理由づけることで，社会科らしい話し合いにすることができます。

「住みよいくらし（ごみ）」 1／12時

ねらい 家庭から出るごみの種類や量の多さに気づき，地域のごみの処理の仕方について興味・関心をもつ。

3章 授業の流れが一目でわかる！社会科4年板書型指導案

つけたい力と評価

身近な事例からごみの量や多さに気づき，地域全体に視点を広げ，ごみの処理に興味・関心をもって調べようとしている。

主体的に関わろうとする態度

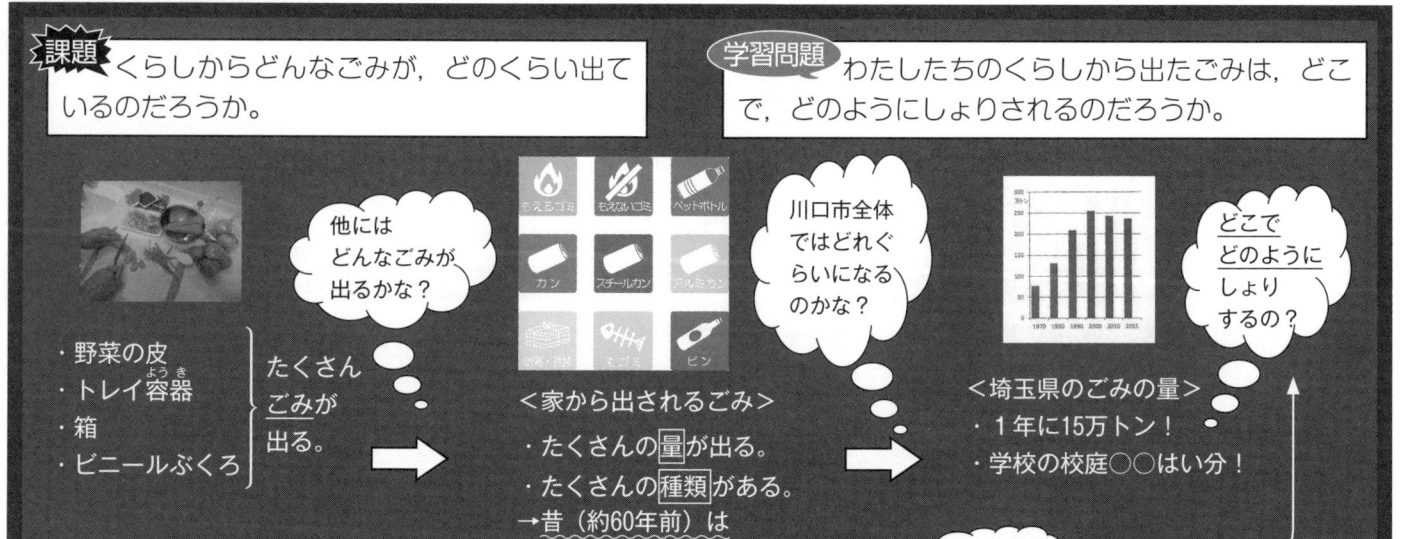

課題 くらしからどんなごみが，どのくらい出ているのだろうか。

学習問題 わたしたちのくらしから出たごみは，どこで，どのようにしょりされるのだろうか。

他にはどんなごみが出るかな？

・野菜の皮
・トレイ容器
・箱
・ビニールぶくろ

たくさんごみが出る。

＜家から出されるごみ＞
・たくさんの量が出る。
・たくさんの種類がある。
→昔（約60年前）は家でしょりしていた。

川口市全体ではどれぐらいになるのかな？

どこでどのようにしょりするの？

＜埼玉県のごみの量＞
・1年に15万トン！
・学校の校庭〇〇はい分！

今は？

つかむ（10分）

①食事準備の様子の写真から，ふだんの生活から出るごみについて関心を高めさせる。

②**教** くらしの中で出るごみは食事だけかな？
　児 他にもあります。

③本時の課題を設定する。 **Point**

調べる（25分）

①事前に宿題に出しておいた「家庭のごみ調べ」の結果を発表させ，量と種類をおさえる。

②**教** 「1家庭でこれだけのごみが出るということは川口市全体でどれくらいの量になると思いますか？」 **Point**

③グラフで市全体のごみの量を調べさせる。

※児童に量感がイメージできる例を示す（校庭〇〇分等）

まとめる（10分）

①**教** 昔は家の庭などでごみを処理していました。今はできますか？
※「処理」という言葉をおさえる。 **Point**
　児 できない。

②**教** では，どんなことを調べていきたいですか？
　児 こんなにたくさんのごみはどこに行くのか？
　児 どうやって処理をしているのか？

③学習問題を設定し，予想させる。

Point▶**本時のポイント**…教師の問い返しにより，1事例から他の事例，家庭から地域，過去から現在へと視点を広げられるようにします。素朴な問いとして板書にも残すとよいです。

「住みよいくらし（ごみ）」2／12時

ねらい　ごみの出し方やごみ収集の様子，ごみの行方について調べる。

つけたい力と評価

写真やごみ出しの案内などの資料からごみの出し方や収集の様子を調べるとともに，地図からごみの行方について読み取っている。

知識及び技能

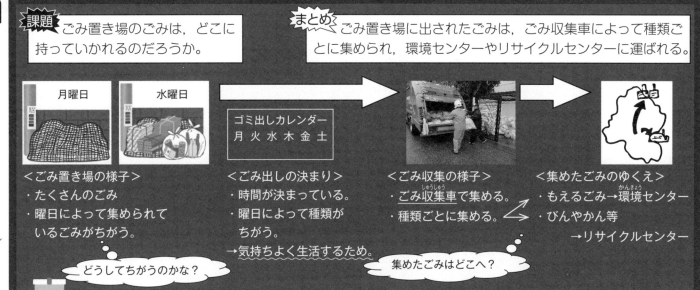

課題　ごみ置き場のごみは，どこに持っていかれるのだろうか。

まとめ　ごみ置き場に出されたごみは，ごみ収集車によって種類ごとに集められ，環境センターやリサイクルセンターに運ばれる。

＜ごみ置き場の様子＞
・たくさんのごみ
・曜日によって集められているごみがちがう。

＜ごみ出しの決まり＞
ゴミ出しカレンダー　月火水木金土
・時間が決まっている。
・曜日によって種類がちがう。
→気持ちよく生活するため。

＜ごみ収集の様子＞
・ごみ収集車で集める。
・種類ごとに集める。

＜集めたごみのゆくえ＞
・もえるごみ→環境センター
・びんやかん等
　→リサイクルセンター

どうしてちがうのかな？　　集めたごみはどこへ？

つかむ（10分）

① 教 家で出たごみはどこに持っていきますか？
　 児 近くのごみ置き場です。
② 写真やごみ出しカレンダーから，ごみの出し方や決まりを調べる。※なぜ決まりがあるのかも触れる。
③ 教 ごみ収集所のごみはどうなるの？
　 児 いつもなくなっている。誰かが持っていく？
④ 本時の課題を設定する。

調べる（25分）

①写真から，ごみ収集車が運んでいくことを読み取り，種類ごとに集めることをおさえる。
②集めたごみがどこに行くか地図で調べる。
　児　わたしの家から〇Km離れているね。
　児　市全体のごみが集められるんだね。
③調べてわかったことを発表させる。
　児　燃えるごみとその他のごみは行き先がちがう。　**Point**

まとめる（10分）

①燃えるごみが環境センター，びんや缶などの資源ごみがリサイクルセンターに行くことを確認する。
②本時のまとめを書かせる。
③次時は環境センターについて調べることを確認する。

Point 本時のポイント…地図で場所を確かめる際，自分たちの家からの距離や，環境センターが受け持つ収集範囲（市内すべての範囲等）についても気づかせるとよいです。

3章
授業の流れが一目でわかる！社会科4年板書型指導案

「住みよいくらし（ごみ）」3・4・5／12時※見学2時間

ねらい 環境センターの働きについて，資料から調べる。

つけたい力と評価

環境センターの資料から，集められた燃えるごみが焼却処理されることや，スラグになることを読み取っている。

知識及び技能

課題 環境センターに運ばれたごみは，どのようにしょりされているのだろうか。

環境センターの図

まとめ 環境センターに運ばれたごみは，もやしてしょりをしている。また，ごみはもやされるとスラグになる。

〈環境センターのごみしょりの流れ〉
① プラットホーム から，ごみを ゴミピット におろす。
② クレーン でごみを運ぶ。
③ 焼却炉（しょうきゃくろ）でごみをもやす。
→④もやしたときに出る有害なガスやちりは機械で取りのぞく。

なぜもやすの？

・もやしたあとのゴミはスラグになる。
・量はもやす前の60分の1の量になる。
→つまり量がへる！

つかむ（10分）

①教 環境センターに運ばれたごみはどのように処理されると思いますか？

児 燃えるごみだから燃やされると思います。

②教 では，確かめてみましょう。
→本時の課題を設定する。

調べる（25分）・見学（90分）

①環境センターの図から，ごみが運ばれてから焼却されるまでの流れを読み取らせる。
※映像資料などで補足する。
※実際に見学に行ける場合は，見学計画を立てる場面と見学後の場面で図を活用する。

②教 どうして燃やすのかな？ **Point**

③燃やすことで量が減ることを調べさせる。

まとめる（10分）

①ごみを燃やしていることや，燃やすことでスラグにして量を減らしていることを確認する。

②本時のまとめを書かせる。

③教 すべて機械が自動でやっているのかな？

児 働いている人がいると思う。

④次時は環境センターで働く人について調べることを伝える。

Point 本時のポイント…多くの児童が，ごみが燃やされることを知っていると思われます。理由を考えることで，焼却することで量が減るという意味が理解できるようにします。

① 県の様子
② 住みよいくらし（水）
③ 住みよいくらしごみ
④ 自然災害から人々を守る活動
⑤ 県内の統や文化伝
⑥ 先人の働き
⑦ 県内の特色ある地域の様子

「住みよいくらし（ごみ）」 6／12時

ねらい　環境センターで働く人について調べ，環境センターが地域の人たちの健康なくらしに役立っていることを理解する。

つけたい力と評価

環境センターの人の働きから，ごみを衛生的に処理することが，地域の人たちの健康な生活に役立っていることを理解している。

知識及び技能

課題　環境センターで働く人たちは，どのような仕事をしているのだろうか。

まとめ　環境センターの人たちは，ごみを衛生的にしょりするために，24時間交代で働いている。

・クレーンを操作している。
・ゴミの量やピットの様子をかくにん。

・コンピューターでセンター全体を管理。
・炉の温度を調整。
・有害ガスやちりを取りのぞく。

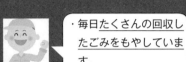
〈環境センターの人〉

・毎日たくさんの回収したごみをもやしています。
・そのため24時間交代で働いています。
・有毒なものが外に出ないように取りのぞいて，衛生的にしょりしています。

〈わたしたちのくらしとのつながり〉
だから……
・まちにごみがあふれない。
　→清けつなくらしができる。

・人々の健康に注意してくれている。
　→健康なくらしができる。

つかむ（10分）

①写真から，環境センターの人がどのようなことをしているか予想させる。
②本時の課題を設定する。

調べる（25分）

①副読本や資料から，環境センターの人の働きを調べさせる。
②環境センターの人の話から，ごみを衛生的に処理していることを知る。
③「わたしたちのくらしとのつながり」を考えさせることで，本時のねらいに迫り，環境センターの仕事と関連づけがわかるように板書する。　**Point**

まとめる（10分）

①本時のまとめを書く。
※実際に見学に行ける場合は，環境センターの方にインタビュー形式で調べ学習ができるとよい。その際，本時のねらいに迫ることができるよう，児童の素朴な疑問を整理しておいたり，センターの方と打ち合わせをしておいたりするなど，事前の準備が大切である。

Point 本時のポイント…環境センターの人の仕事とわたしたちの生活を関連づけて考えられるように，→でつなげて板書します。

「住みよいくらし（ごみ）」 7／12時

ねらい ごみの処理で出たスラグや，熱の活用について調べ，ごみ処理の工夫について理解する。

つけたい力と評価

ごみ処理で出た熱やスラグを再利用していることについて知り，ごみ処理の工夫について理解している。

知識及び技能

課題 ごみをもやしたあとは，どのようなことが行われているのだろうか。

まとめ 熱やスラグを再利用して，もやしたあとに出るものをむだにしないようにしている。また，灰は最終しょ分場にうめ立てしょりしている。

ごみをもやす

ごみをもやしたときに出る熱

スラグ・灰 →

・電気を起こす。
・温水プール

もやしたあとのものもむだなく使っている。
→再利用

・ブロック
・道路
・建物の柱

最終しょ分場にうめ立てられる。
→場所や広さにかぎりがある。

つかむ（10分）

①前回までの調べ学習で，まだ解決していないことについて確認する。

県 スラグがどうなるのか知りたいです。

県 ごみを燃やして発電をしているというのが気になります。

※事前に児童のノートから感想や疑問を把握しておき，意図的に指名する。

調べる（25分）

①ごみを燃やしたときに出る熱の利用について，副読本や資料から調べさせる。

②スラグや灰の行方について，副読本や資料から調べさせる。

③調べたことをベン図で板書することで，再利用の工夫について理解する。 **Point**

④最終処分場の役割やその限界について知る。

まとめる（10分）

①本時のまとめを書かせる。

②次回はリサイクルセンターについて調べることを確認する。

本時のポイント…ベン図を使い，熱とスラグの共通点を考えることで，どちらもむだなくエネルギーや資源を利用する再利用の考えであることがわかるようにします。

「住みよいくらし（ごみ）」 8／12時

ねらい 燃えないごみは分別されて再利用されるなどして処理されることを理解する。

つけたい力と評価

燃えないごみが、様々な方法で新しい製品になっていることから、資源の再利用について理解している。

知識及び技能

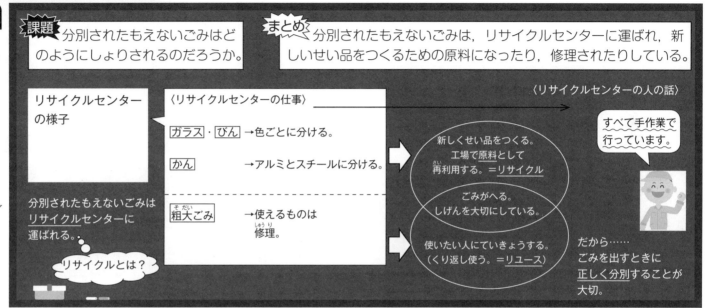

つかむ（10分）

①燃えないごみがリサイクルセンターに運ばれることを振り返る。
②🍎 びんや缶はどうして環境センターに運ばれないのですか？
　🙂 燃やすことができないからだと思います。
③本時の課題を設定する。

調べる（25分）

①副読本や資料から、リサイクルセンターの仕事を調べさせる。
②ベン図を使い、びんや缶などの資源ごみと粗大ごみの処理の仕方のちがいや共通点を整理し、分別の大切さについて考えさせる。
③リサイクルとリユースについて知る。
　※リデュースについては次時で扱う。

まとめる（10分）

①リサイクルセンターの人の話を聞き、すべて手作業で行っていることを知り、分別の大切さについて考えさせる。
②本時のまとめを書く。

Point

本時のポイント…リサイクルセンターの人の話から考えさせることで、「迷惑をかけてはいけない」等、働く人たちの視点に立った考え方ももたせることができます。

3章 授業の流れが一目でわかる！社会科4年板書型指導案

「住みよいくらし（ごみ）」 9／12時

ねらい 身の回りのごみを減らす取り組みから，ごみを減らす工夫や努力について調べることができる。

つけたい力と評価

身近な事例について，ごみの処理や再利用と関連づけて調べ，社会全体がごみを減らす工夫や努力をしていることを理解している。

知識及び技能

課題 ごみをへらすために，わたしたちのまわりではどのような取り組みが行われているのだろうか。

まとめ わたしたちのまわりでは，ごみをへらすためにお店や地いきなどで3Rの取り組みが行われている。

わたしたちのまわりのごみをへらす取り組み

＜○○市の人口＞
・毎年ふえている。
→ごみの量もふえているはず？

何かひみつがあるのかな？

＜○○市のごみの量＞
・最近へっている！
→人口はふえているのになぜ!?

＜お店の取り組み＞
・回収ボックス
・エコバック
→ごみになるものをへらす。

＜地いきの取り組み＞
・ごみの分別を進める。
・フリーマーケット
・古紙回収

リデュース・リユース・リサイクル
3R（さんあーる）

つかむ（10分）

①人口の変化のグラフと，ごみの量の変化のグラフを比較させる。 **Point**

②人口が増えているのに，ごみの量が減っていることから，「何か取り組みがあるのでは？」という問いをもたせ，課題を設定する。

※ごみの量が増えている場合は「このままではまずい」という問題意識につなげて課題を設定する。

調べる（25分）

①副読本や写真資料でお店や地域の取り組みを調べさせる。※事前に宿題で調べた事例を持ち寄って発表してもよい。 **Point**

②エコバックを例に，リデュースについて知る。

③それぞれの事例を，リデュース，リユース，リサイクルにあてはめ，→でつないで板書する。

④3Rについて知る。

まとめる（10分）

①自分や家族が協力していることや，初めて知った取り組みなどを発表させる。

②本時のまとめを書かせる。

③次時は学習問題の答えをまとめることを知らせる。

本時のポイント…人口のグラフを先に見せてからごみグラフを見せたり，増えている年代の部分を隠しておくなど，見せ方を工夫すると児童の問題意識が高まります。

「住みよいくらし（ごみ）」10・11／12時

ねらい ごみ処理の過程について図でまとめ，ごみの衛生的な処理が地域に果たす役割について考え，表現する。

つけたい力と評価

これまでの学習を関連づけたり，振り返ったりして学習問題の結論を考え，表現している。

思考力・判断力・表現力等

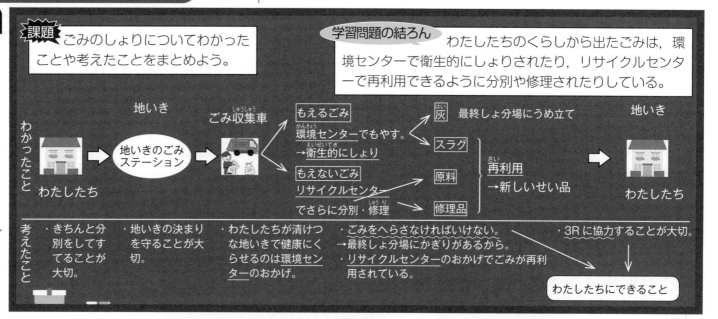

つかむ（10分）

①学習問題を振り返る。
②本時の課題を設定する。
③グループでごみの処理の仕方について，図でまとめることを説明する。
④上の段には学んだ事実（ごみ処理の流れ），下の段にはそこから考えたこと（大切だと思ったこと）を書くことを伝える。

調べる（作業35分，発表・集約25分）

①ホワイトボードやカードを使い，ごみ処理の流れをグループでまとめさせる。
②グループでまとめたことを発表させる。
③黒板を2段に分け，上段にわかったこと（ごみ処理の流れ），下段に考えたこと（環境センターの役割や意味）について板書する。

Point ※導入〜作業で1h，発表〜まとめで1hの計2時間で行う。

まとめる（20分）

①教 自分たちはごみの処理の流れとどのようなつながりがありますか？
 児 ごみを出すスタートがわたしたちです。
 児 再利用した製品を使うのもわたしたちです。
 児 環境センターやリサイクルセンターのおかげで，健康な生活が送れています。
②学習問題をまとめ，小単元を振り返らせる。

本時のポイント…事実と，そこから考えたことを分けて整理することで，ごみ処理のしくみだけでなく，意味や特色について考え，理解を深めることができます。

3章

授業の流れが一目でわかる！社会科4年板書型指導案

「住みよいくらし（ごみ）」12／12時

ねらい これまでの学習から，ごみを減らす取り組みについて，自分たちにできることを考えようとする。

つけたい力と評価

ごみを減らす取り組みについて，自分たちにできることを，これまでの学習をもとに考え，選択判断しようとしている。

主体的に関わろうとする態度

課題 ごみをへらすために，わたしたちにできることを考えよう。

まとめ ごみをへらすために，わたしたちにできることは……（自分の考えを書く）なぜなら……（理由を書く）

なぜごみをへらさなければいけないの？
→最終しょ分場にはかぎりがある。
他にも……

| ごみしょりにかかるお金 | まだ使えるのにすてられるもの |

・たくさんのお金がかかる。
・ものやしげんがむだに使われている。

できること

・分別をしっかりする。

・買い物をするときエコバッグを使う。

・リサイクル商品を使う。

やった方がいい理由

・しげんになるから。
・環境センターやリサイクルセンターの人が働きやすいから。

・ごみをへらすことになるから。
・地いきやお店がやっている3Rの取り組みに協力できるから。

つかむ（10分）

①なぜごみを減らす必要があるのか，これまでの学習を振り返り，確認する。
②最終処分場の問題の他にも，ごみの処理に関する様々な問題があることを知り，問題意識を高めさせる。
③本時の課題を設定する。

調べる（25分）

①自分たちにできることを考え，グループで話し合わせる。その際，なぜやった方がいいのか，これまでの学習で学んだことを根拠に理由づけできるようにする。
②発表させる。
③「できること」「やった方がいい理由」と分けて板書し，矢印でつなぐ。

Point

まとめる（10分）

①自分の考えをまとめる。その際も，「できること」と「やった方がいい理由」をしっかり分けて書けるようにする。
②自分が家庭や学校でやることを決める。
③一人一人ができることを実践することが大切だということを伝える。
※特別活動と絡めて実際に実践できるとよい。

本時のポイント…ただ自分たちにできることを考えるのではなく，学んだことを根拠に理由づけることで，社会科らしい話し合いにすることができます。

① 県の様子
② 住みよいくらし（水）
③ 住みよいくらし（ごみ）
④ 自然災害から人々を守る活動
⑤ 県内の統や文化伝
⑥ 先人の働き
⑦ 県内の特色ある地域の様子

「自然災害から人々を守る活動」 1／12時

ねらい 県内で過去に起きた自然災害について調べ，特に水害が多いことに気づく。

つけたい力と評価

埼玉県内で過去に起きた自然災害について年表で調べることを通して，様々な自然災害が起きていることを理解している。

知識及び技能

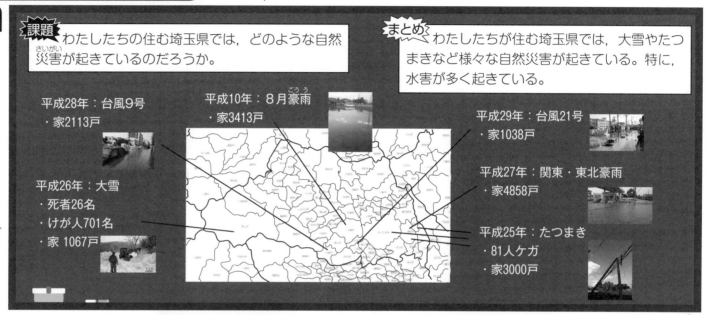

課題 わたしたちの住む埼玉県では，どのような自然災害が起きているのだろうか。

まとめ わたしたちが住む埼玉県では，大雪やたつまきなど様々な自然災害が起きている。特に，水害が多く起きている。

- 平成28年：台風9号
  ・家2113戸
- 平成10年：8月豪雨
  ・家3413戸
- 平成29年：台風21号
  ・家1038戸
- 平成26年：大雪
  ・死者26名
  ・けが人701名
  ・家1067戸
- 平成27年：関東・東北豪雨
  ・家4858戸
- 平成25年：たつまき
  ・81人ケガ
  ・家3000戸

つかむ（10分）

① 最近の全国の自然災害に関するニュース映像（動画または写真）を見せる。
② 県の白地図（市町村名が入ったもの）を提示し，同じ地図を印刷したワークシートを配布する。
③ 本時の学習課題を提示する。

調べる（25分）

① 県内の過去20年以内に起きた大きな自然災害を年表にした資料（※）を配布し，白地図に書き込ませる。
② 机間指導で児童を指名し，随時，黒板の白地図に書き込ませ，主な写真を提示する。
③ どのような自然災害が多いか，話し合わせる。

まとめる（10分）

① 本時のまとめを書かせる。

※配布する資料には，以下の情報を入れておきます。
 ・発生年月と大きな被害があった場所
 ・災害の種類
 ・被害にあった家屋数や人数

本時のポイント…こうすることで，友達の書き込みをもとに，どんなことを書いたらよいか見通しがもてます。また，授業時間の短縮にもなります。

3章

授業の流れが一目でわかる！社会科4年板書型指導案

「自然災害から人々を守る活動」 2／12時

ねらい 県内の台風や浸水被害家屋数について調べ，学習問題を見出し，興味・関心をもつ。

つけたい力と評価

　埼玉県内で過去に接近した台風と浸水被害家屋数を関連づけて考えたことから学習問題を見出し，興味・関心をもとうとしている。

主体的に関わろうとする態度

課題 埼玉県内では，水害によってどのような被害が起きているのだろうか。

学習問題 埼玉県では，水害に対し，だれが，どのような活動をしているのだろうか。

昭和33年：狩野川台風

お寺のゆか下まで水がとどきました。後かたづけも，ドロやゴミがたまって大変でした。

205171戸が浸水被害

水害＝被害大

なぜ？

・川が多い
・東側＝低地

浸水被害家屋数

予想
・消防
・警察
・埼玉県庁
・市役所
・工事会社
・建築家

台風の数…変わらない。
→浸水被害家屋数減

なぜ？

だれかが，何かしたのだろう。

つかむ（10分）

①身近なまちで起きた水害の写真と地域の方の体験談を提示する。（狩野川台風）

②本時の学習課題を提示する。

調べる（25分）

①この台風による全県における浸水地域を埼玉県地図に表したものを読み取らせる。

🐰 低地は，ほとんど全部だ！

②過去の台風の数と浸水被害家屋数を表した資料を読み取らせ，台風の数は変わらないのに，被害数が減っていることに気づかせる。 **Point**

まとめる（10分）

①「被害数が減ったのは，誰かが何かしたからではないか」という疑問を引き出し，学習問題をつくる。

②学習問題の予想を自分なりに考えて，ノートに書かせる。

Point 本時のポイント…まず台風の数を提示し，浸水被害家屋数を予想させます。そのあと，実際の家屋数を提示することで，学習問題につながる疑問を引き出します。

① 県の様子
② 住みよいくらし（水）
③ 住みよいくらしごみ
④ 自然災害から人々を守る活動
⑤ 県内の統や文化伝
⑥ 先人の働き
⑦ 県内の特色ある地域の様子

「自然災害から人々を守る活動」 3／12時

ねらい　学習問題の予想を立てたことから、学習計画をつくり、今後の学習に見通しをもつ。

つけたい力と評価

学習問題の予想を立てたことから、学習計画をつくり、今後の学習に見通しをもって主体的に学習問題を追究しようとしている。

主体的に関わろうとする態度

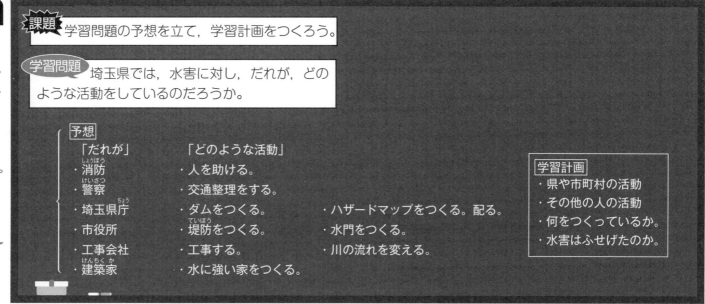

課題　学習問題の予想を立て、学習計画をつくろう。

学習問題　埼玉県では、水害に対し、だれが、どのような活動をしているのだろうか。

予想

「だれが」
- 消防
- 警察
- 埼玉県庁
- 市役所
- 工事会社
- 建築家

「どのような活動」
- 人を助ける。
- 交通整理をする。
- ダムをつくる。
- 堤防をつくる。
- 工事する。
- 水に強い家をつくる。
- ハザードマップをつくる。配る。
- 水門をつくる。
- 川の流れを変える。

学習計画
- 県や市町村の活動
- その他の人の活動
- 何をつくっているか。
- 水害はふせげたのか。

つかむ（10分）

①前時につくった学習問題を提示する。
　＊模造紙などに書いておくとよい。
②本時の学習課題を提示する。

調べる（25分）

①前時に書かれた振り返りの中で、学習問題の予想を立てる際の見通しとなる記述を読み上げ、紹介する。
②これまでに見聞きしたこと、知っていること、これまでに学習したことの中から、予想を立てさせ、発表させる。　**Point**

まとめる（10分）

①板書された予想をもとに、学習計画を考えさせる。
　＊出された意見は画用紙などに書いておくと毎時間、導入で学習計画を確認することから始められる。

本時のポイント…学習問題の予想を立てる場面では、「これまでに見聞きしたこと、知っていること、学んだこと」を出し合い、話し合うことで問題意識を高めます。

3章

授業の流れが一目でわかる！社会科4年板書型指導案

「自然災害から人々を守る活動」 4／12時

ねらい 県内の治水対策としてダムについて資料をもとに調べ，水害を防ぐ働きを理解する。

つけたい力と評価

県内の治水対策としてダムについて資料をもとに調べ，水害を防ぐ働きを理解している。

知識及び技能

課題 ダムは，水害に対し，どのような役わりをしているのだろうか。

まとめ ダムは，県が国と協力して長い年月とたくさんの税金をかけてつくられ，水をためて調節することで川の水があふれるのをふせいでいる。

＜浦山ダム＞

・埼玉県→国・地いきの住民と協力

・完成まで28年

・1833億円（税金）

・1秒間 89万Lの水を調節（プール2.5こ分）

＜滝沢ダム＞

・埼玉県→国・地いきの住民と協力

・完成まで38年

・2300億円（税金）

・1秒間 155万Lの水を調節（プール4.3こ分）

・埼玉県→国・地いきの住民と協力

・完成まで，長い年月

・たくさんの税金

・たくさんの水を調節

つかむ（10分）

①前時につくった学習計画から，本時の学習課題を提示する。

②ダムの写真を提示し，予想を立てさせる。

調べる（25分）

①2つのダムの資料を配布し，ペアで分担して調べさせる。

②調べたことを互いに説明し合わせ，共通点に気づかせる。

児　どちらのダムも同じだね。似てるよ。

教　今，何と言ったか，みんなに伝えて。

児　「同じ」と言いました。

教　何が「同じ」なんだろう？　説明し合おう。

まとめる（10分）

①いくつかのペアを指名し，話し合った結果を発表させ，板書する。

②本時の学習のまとめを書かせる。

③学習方法について振り返りを書かせる。

教　今日，2つのダムの共通点に気づけたのは，どうしてかな？　振り返ってノートに書こう。

Point

本時のポイント…協働的に学べた学習方法を振り返らせ，価値づけることで，次時以降もペアやグループの対話を活発にし，社会的事象の意味に気づかせます。

① 県の様子

② 住みよいくらし（水）

③ 住みよいくらし（ごみ）

④ 自然災害から人々を守る活動

⑤ 県内の統や文化の伝

⑥ 先人の働き

⑦ 県内の特色ある地域の様子

「自然災害から人々を守る活動」 5／12時

ねらい　県内の治水対策として調節池について資料をもとに調べ、水害を防ぐ働きを理解する。

つけたい力と評価

県内の治水対策として調節池について資料をもとに調べ、水害を防ぐ働きを理解している。

知識及び技能

課題　荒川第一調節池は、水害に対し、どのような役わりをしているのだろうか。

まとめ　荒川第一調節池は、県が国と協力して長い年月とたくさんの税金をかけてつくられ、水を引き入れて調節することで川の水があふれるのをふせいでいる。

＜荒川第一調節池＞
- 埼玉県→国と協力
- 完成まで35年…長い年月
- 350億円（税金）…たくさんのお金
- 広さ 5.8km²
  （学校560こ分）
- 1秒間85万Lの水をためる。…調節
  （プール2.4こ分）

つかむ（10分）

①荒川第一調節池の4枚の写真を提示する。
- 児　洪水だ。水があふれてるよ。
- 教　実は、洪水ではありません。
- 児　えー!?　どうして？

②本時の学習課題を提示する。
③課題の予想を立てさせる。

調べる（25分）

①資料を配布し、ペアで調べさせる。
②調べたことを互いに説明し合わせ、ダムとの共通点に気づかせる。　**Point**
- 児　ダムと同じだ。
- 教　今、言ったことを、みんなに伝えて。
- 児　「同じ」と言いました。
- 教　何が「同じ」なんだろう？　説明し合おう。

まとめる（10分）

①いくつかのペアを指名し、話し合った結果を発表させ、板書する。
②本時の学習のまとめを書かせる。

本時のポイント…「ダムと似ているところ」を話し合わせることで、既習を生かすだけでなく、次時の学習に向けた「比べる」視点を身につけさせることがねらいです。

3章 授業の流れが一目でわかる！社会科4年板書型指導案

「自然災害から人々を守る活動」 6／12時

ねらい 県内の治水対策として放水路について資料をもとに調べ，水害を防ぐ働きを理解する。

つけたい力と評価

県内の治水対策として首都圏外郭放水路について資料をもとに調べ，水害を防ぐ働きを理解している。

知識及び技能

課題 首都けん外かく放水路は，水害に対し，どのような役わりをしているのだろうか。

まとめ 首都けん外かく放水路は，県が国や市と協力して長い年月とたくさんの税金をかけてつくられ，水を引き入れることで川の水があふれるのをふせいでいる。

＜首都けん外かく放水路＞
・埼玉県→国・春日部市と協力
・完成まで26年 …長い年月
・2300億円（税金）…たくさんのお金

↓ この部分だけで…

学校のプール640こ分以上の水が入る！

自由の女神像 46m
立抗の深さ 71.5m

・長さ 6.3km
・1秒間20万Lの水をためながら，江戸川に流す。
（総貯水量6億7000万L＝プール1861こ分）

全体のきょり 学校→川口駅 約8倍！

つかむ（10分）

①放水路の写真を見せ，首都圏外郭放水路と呼ばれる治水施設であることを伝える。
②本時の学習課題を提示する。
③課題の予想を立てさせる。

調べる（25分）

①資料を配布し，ペアで分担して調べさせる。
②調べたことを互いに説明し合い，共通点に気づかせる。

児 やっぱり，ダムや調節池と同じだ。

教 何が「同じ」なんだろう？ ダムや調節池の資料も使って，比べながら説明し合おう。 **Point**

まとめる（10分）

①いくつかのペアに話し合った結果を発表させ，板書する。
②本時の学習のまとめを書かせる。

Point **本時のポイント**…「やっぱり」と言う児童は，予想で「きっと同じ」と考えられているはずです。同じ学習過程を3時間繰り返したことで，児童は見通しをもって学べます。

「自然災害から人々を守る活動」 7／12時

ねらい 関係諸機関の連絡体制について調べ，すばやい対処や減災に努めていることを理解する。

つけたい力と評価

関係諸機関の連絡体制について資料をもとに調べ，すばやい対処や減災に努めていることを理解している。

知識及び技能

課題 水害が起きたとき，だれが，どのような活動をするのだろうか。

まとめ 水害が起きたとき，県が国や市と連らくを取り合い，協力してすばやく対しょすることで住民の命を守っている。自衛隊におうえんをたのむこともある。

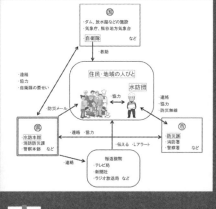

＜わかったこと＞
・真ん中は，県（国⇔県⇔市）
・たがいに連らく＝協力している。
・自衛隊におうえんをたのむこともある。
・県や市 住民に連らく。
　（防災メール，防災無線）
・報道機関も連らくに協力。
　（テレビ，新聞，ラジオ）

＜何のためか＞
・正しいじょうほうを，すばやく全体に伝えるため。
　（消防や警察と同じしくみ）
・すぐにひなん指示。助ける。
・国や自衛隊の協力。
　↓　↓　↓
水害は，県や市だけでは対しょしきれない。

　　＝住民を守るため

つかむ（10分）
①前時までは，「水害を防ぐため」の活動だったことを確認し，本時の学習課題を提示する。
②課題の予想を立てさせる。

調べる（25分）
①資料を提示・配布し，わかったことをノートに書かせる。
②読み取ったことを発表させ，板書で整理する。
③「何のために，このようなしくみがつくられているのか」について話し合わせる。
　＊自衛隊に応援を頼むのも，何のためか，話し合わせる。

まとめる（10分）
①話し合った結果を板書し，県の河川砂防課の人の話を資料で読み，確かめる。
②本時の学習のまとめを書かせる。

本時のポイント…被害範囲，ダムや調節池などの規模の大きさなどの既習に着目し，自然災害は火事や事故とちがい，県や市だけでは対処しきれないことに気づかせます。

3章 授業の流れが一目でわかる！社会科4年板書型指導案

「自然災害から人々を守る活動」 8／12時

ねらい 水害発生時における住民への情報発信について調べ，減災に努めていることを理解する。

つけたい力と評価

水害発生時における情報発信について調べ，減災に努めていることを理解している。

知識及び技能

課題 水害のじょうほうは，だれが，どのようにしてわたしたちに知らせているのだろうか。

まとめ 水害のじょうほうは，国や県が判断し，報道機関や市とも協力して，様々な方法ですべての住民に伝えるための工夫や努力をしている。

河川の管理者＜国県＞
　川の洪水予報等
→ ホームページ　気象・水位情報 → 緊急速報メール・エリアメール等
→ 報道機関 → テレビ　ラジオ
気象庁　熊谷地方気象台
→ 緊急速報メール・エリアメール等
防災無線（スピーカー）
防災無線（戸別受信機）
広報車（車両拡声器）
自動起動防災ラジオ
テレビ・ラジオ
ハザードマップ
→ 住民

＜わかったこと＞
・いくつもの場所から連らく
　①国や県から
　②国や県→報道機関から
　③国や県→市から多
・いくつもの方法で連らく
　テレビ・ラジオ，メール多

＜何のためか＞
・必ず，すべての住民に伝える。
　（もれなく，何度も）
・連らくのはんだん→国や県
・伝えるじょうほう
　・いつ，ひなんするか。
　・どこへ，ひなんするか。
　[住民の命を守るため]

つかむ（10分）

①前時の連絡系統を表した図を提示し，自分たちは図の中のどこに位置するのか問う。

②「報道機関」や「住民への連絡」とは何か，予想を書かせる。

③予想を発表し合わせ，本時の学習課題を提示する。

調べる（25分）

①資料を提示・配布し，わかったことをノートに書かせる。

②読み取ったことを発表させ，板書で整理する。

③「何のために，このようなしくみがつくられているのか」について話し合わせる。

＊なぜいくつもの連絡方法が必要なのだろうか。 **Point**

まとめる（10分）

①話し合った結果を板書し，市の防災課の人の話を資料で読み，確かめる。

②本時の学習のまとめを書かせる。

本時のポイント…まちの住民は，自分たちだけではないことを確認し，お年寄りや外国人，障がいのある人などすべての人に，漏れなく伝えるためだと気づかせます。

①県の様子
②住みよいくらし（水）
③住みよいくらし（ごみ）
④自然災害から人々を守る活動
⑤県内の統や文化伝
⑥先人の働き
⑦県内の特色ある地域の様子

「自然災害から人々を守る活動」 9／12時

ねらい 地域における水防団と自主防災活動の役割について調べ，減災に努めていることを理解する。

つけたい力と評価

地域における水防団と自主防災活動の役割について調べ，自分にできることで減災に努めていることを理解している。

知識及び技能

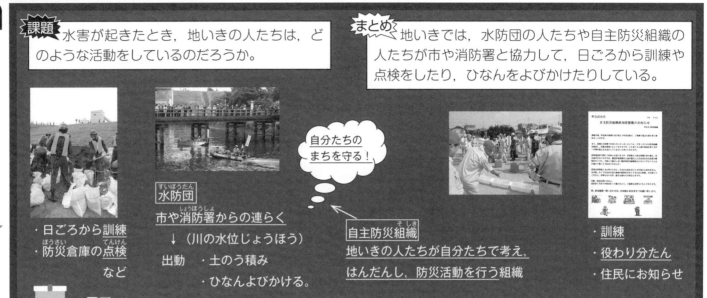

課題 水害が起きたとき，地いきの人たちは，どのような活動をしているのだろうか。

まとめ 地いきでは，水防団の人たちや自主防災組織の人たちが市や消防署と協力して，日ごろから訓練や点検をしたり，ひなんをよびかけたりしている。

自分たちのまちを守る！

・日ごろから訓練
・防災倉庫の点検
など

水防団
市や消防署からの連らく
↓（川の水位じょうほう）
出動　・土のう積み
　　　・ひなんよびかける。

自主防災組織
地いきの人たちが自分たちで考え，はんだんし，防災活動を行う組織

・訓練
・役わり分たん
・住民にお知らせ

つかむ（10分）

①水防演習の写真を見せる。
　教 何をしているのでしょうか？
　児 袋に土を入れている。土のうだね。
②本時の学習課題を提示し，予想を自分の住んでいる地域について考え，書かせる。

調べる（25分）

①資料を提示・配布し，水防団についてわかったことをノートに書かせる。
②資料の続きから，自主防災組織について調べて，わかったことをノートに書かせる。
③何のために地域の人たちが活動しているのかについて話し合わせる。**Point**

まとめる（10分）

①話し合った結果を板書し，地域の人の話を資料で読み，確かめる。
②本時の学習のまとめを書かせる。

本時のポイント…「自分たちのまちは，自分たちで守る」という思いで水防団や自主防災組織に参加していることをつかませることが大切です。

3章

授業の流れが一目でわかる！社会科4年板書型指導案

124

「自然災害から人々を守る活動」 10・11／12時

ねらい これまでの学習をもとに，調べたことを関係図にまとめ，学習問題の結論を導き出す。

つけたい力と評価

これまでの学習をもとに，調べたことを関係図にまとめることを通して，学習問題の結論を考え，表現している。

思考力・判断力・表現力等

課題 国や県，市，地いきの人たちは，水害に対し，どのように活動しているのだろうか。

学習問題の結ろん 県では国や市と協力して，たくさんの税金を使って計画的に水害をふせぐ取り組みをしたり，できるだけひ害をへらすための取り組みをしたりしている。

地いき
　水防団（すいぼうだん）
　自主防災組織（じしゅぼうさいそしき）

市
　防災課
　・消防（しょうぼう）
　・住民に連らく

中心＝県
　水防本部
　・治水しせつ
　・河川の管理（かせん）
　・警察（けいさつ）
　・気象台（きしょう）

国
　・自衛隊（じえいたい）　・治水しせつ　・河川の管理　・気象庁（ちょう）

＜何のためか＞
・必ず，すべての住民に伝える。
　（もれなく，何度も）
・連らくのはんだん→国や県
・伝えるじょうほう
　・いつ，ひなんするか。
　・どこへ，ひなんするか。

住民の命を守るため

つかむ（10分）

①学習問題を確認する。
②本時の学習課題を提示する。
③模造紙にピラミッドを書いた用紙と付箋紙をグループごとに配布する。
　＊4色の付箋紙を用意する。
　　国（青），県（赤），市（黄），地域（緑）

調べる（65分）

①ノートや資料を振り返り，個人で付箋紙に取り組みを書かせ，グループで模造紙に貼らせる。
②関わりがある取り組みを近くに貼り直したり，矢印を書き込んだりしながら関連を話し合わせる。
③模造紙を使って，グループごとに発表させる。
　＊他のグループの発表を聞いて，書き足してもよい。

Point

まとめる（15分）

①再度，学習問題を確認する。
②グループでつくった模造紙や板書をもとに，学習問題の結論を書かせる。
③単元のはじめに書いた予想と比べて，どんなことがわかるようになったか，振り返りを書かせる。

Point 本時のポイント…言葉を交わすだけでなく，線で結んだり，同じ色で下線を引いたり，矢印を書いたりさせることで，相互の関連が可視化されます。

① 県の様子
② 住みよいくらし（水）
③ 住みよいくらしごみ
④ 自然災害から人々を守る活動
⑤ 県内の統や文化の伝
⑥ 先人の働き
⑦ 県内の特色ある地域の様子

3章 授業の流れが一目でわかる！社会科4年板書型指導案

「自然災害から人々を守る活動」 12／12時

ねらい どのようなまちなら，水害が起きてもみんなが助かるのか話し合い，自分の考えをもつ。

つけたい力と評価

これまでの学習を生かして，どのようなまちなら水害が起きてもみんなが助かるのか話し合い，自分の考えをもとうとしている。

主体的に関わろうとする態度

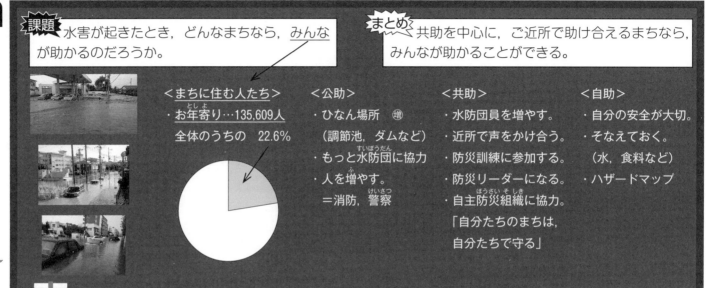

つかむ（10分）
①単元の導入で使った県内で起きた水害の写真を提示する。
②本時の学習課題を提示する。
③まちに住む「みんな」とは，どんな人たちか，発表させる。
④市内の65歳以上の高齢者の割合を表したグラフと，その人数を提示する。

調べる（25分）
①本時では，「みんな＝高齢者」と捉えて話し合うことを確認する。
②ノートに自分の考えを書かせ，グループごとに話し合わせる。
③いくつかのグループに話し合った結果を発表させる。
④それをもとに，全体で話し合わせる。

まとめる（10分）
①発言を「公助」「共助」「自助」の3つに分けながら板書する。
②本時の話し合いのキーワードは何か，発表させ，それをもとに本時のまとめを書かせる。
③「みんなが助かるために，地域の一員として何ができるか」を振り返りとしてノートに書かせる。

Point

本時のポイント…指導要領でも語られている「自分にできることを考え，表現する」とは，「地域社会の一員として」という視点を忘れずに考えさせることが大切です。

「県内の伝統や文化」 1／9時

ねらい 埼玉県内の祭りについて関心をもち，川越まつりの特徴について調べる。

つけたい力と評価

埼玉県内の祭りについて関心をもち，川越まつりの特色を調べることを通して，これからの学習に意欲的に取り組もうとしている。

主体的に関わろうとする態度

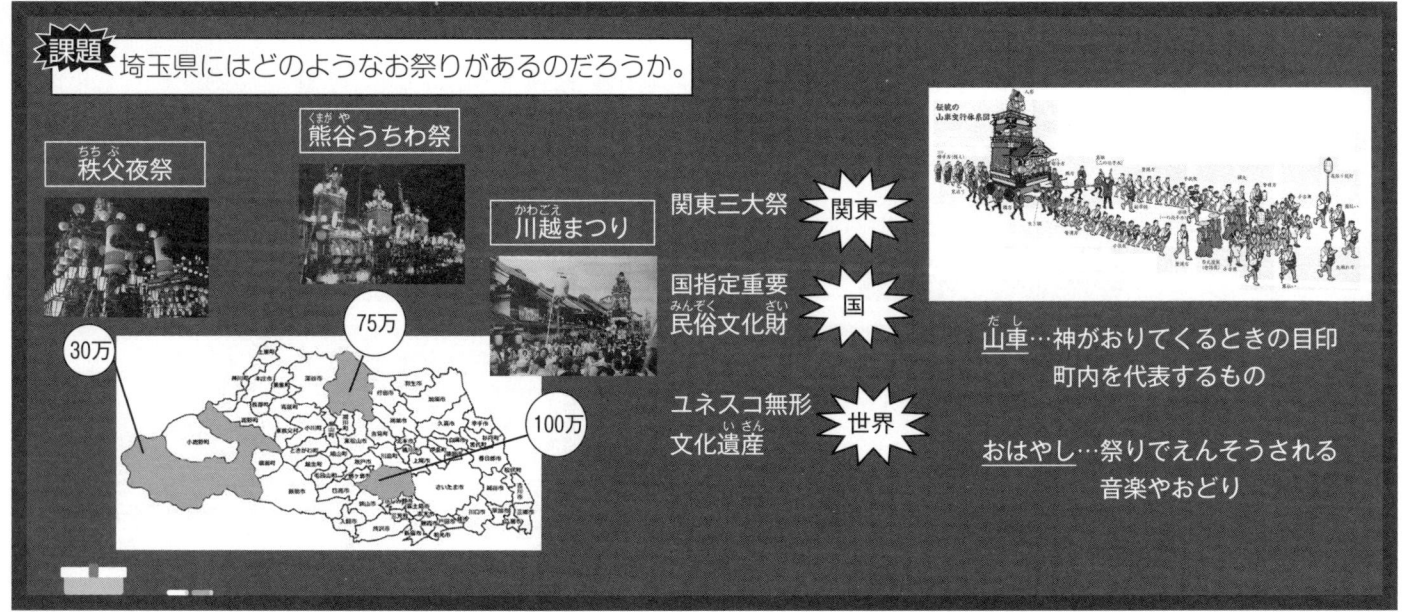

課題 埼玉県にはどのようなお祭りがあるのだろうか。

秩父夜祭

熊谷うちわ祭

川越まつり

関東三大祭　**関東**

国指定重要民俗文化財　**国**

ユネスコ無形文化遺産　**世界**

山車…神がおりてくるときの目印
　　　町内を代表するもの

おはやし…祭りでえんそうされる
　　　　　音楽やおどり

つかむ（10分）

①身近な祭りの話から本時の学習課題を提示する。
②3つの祭りと祭りの写真を提示する。
③市町村の位置を地図帳で調べさせる。 **Point**
④黒板に地図と祭りの写真を位置づける。
⑤祭りに訪れる人の人数を提示する。
⑥**教** 今回は一番多くの人が訪れる川越まつりについて調べていきましょう。

調べる（25分）

①川越まつりの文化財としての価値を説明し，県内だけでなく国や世界に認められている祭りであることを確認する。
②川越まつりについての映像資料と図から祭りの様子や特徴をつかませる。
③川越まつりの特徴は山車とおはやしであることを確認し，板書する。

まとめる（10分）

①**教** 川越まつりについてどう思いましたか？　また，もっと知りたいと思ったことはありますか？　この2つのことをもとに今日の学習の振り返りを書きましょう。
②振り返りの発表をさせる。

Point ▶本時のポイント…主な祭りが行われる市町村の位置を確認し，県内には様々な市町村で有名なお祭りが行われていることに気づかせます。

3章 授業の流れが一目でわかる！社会科4年板書型指導案

「県内の伝統や文化」2／9時

ねらい 川越まつりの起源や変化について文献資料や図絵，写真をもとに調べ，学習問題を考える。

つけたい力と評価

川越まつりの起源や変化について文献資料や図絵，写真をもとに調べ，祭りの様子が変わっていないことから，学習問題を見出している。

思考力・判断力・表現力等

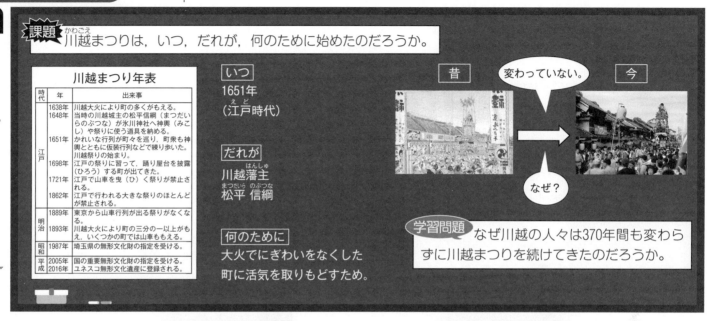

課題 川越まつりは，いつ，だれが，何のために始めたのだろうか。

川越まつり年表

時代	年	出来事
江戸	1638年	川越大火により町の多くがもえる。
	1648年	当時の川越城主の松平信綱（まつだいらのぶつな）が氷川神社へ神輿（みこし）や祭りに使う道具を納める。
	1651年	かれいな行列が町々を巡り，町衆も神輿とともに仮装行列などで練り歩いた。川越祭りの始まり。
	1698年	江戸の祭りに習って，踊り屋台を披露（ひろう）する町が出てきた。
	1721年	江戸で山車を曳（ひ）く祭りが禁止される。
	1862年	江戸で行われる大きな祭りのほとんどが禁止される。
明治	1889年	東京から山車行列が出る祭りがなくなる。
	1893年	川越大火により町の三分の一以上がもえ，いくつかの町では山車ももえる。
昭和	1987年	埼玉県の無形文化財の指定を受ける。
平成	2005年	国の重要無形文化財の指定を受ける。
	2016年	ユネスコ無形文化遺産に登録される。

いつ
1651年
（江戸時代）

だれが
川越藩主
松平 信綱

何のために
大火でにぎわいをなくした町に活気を取りもどすため。

昔 → 今　変わっていない。　なぜ？

学習問題 なぜ川越の人々は370年間も変わらずに川越まつりを続けてきたのだろうか。

つかむ（10分）

①前時の振り返りから，本時の学習課題を提示する。
②学習課題に対する予想と調べる方法を考えさせる。
③予想と調べるための資料の確認をする。
　教 年表を使うことで祭りの始まりを調べることができますね。

調べる（25分）

①年表を黒板に位置づける。
　教 なぜ川越まつりは始まったのでしょうか。年表から調べましょう。 **Point**
②祭りの起源についての文献資料を渡し，年表と併せて読み取らせる。
③調べたことを発表させ，黒板にまとめる。

まとめる（10分）

①**教** 今日は祭りの昔のことについて調べましたが，最後に昔の祭りの様子について見てみましょう。
②2枚の図絵と写真を黒板に位置づける。
　教 祭りの様子はどのように変わっていますか？ **Point**
　児 ほとんど変わっていません。
③学習問題をつくる。

Point 本時のポイント…起源を視点に調べるための発問をしたり，2枚の資料を比較させ変化を読み取らせたりすることで，学習問題につなげます。

3章 授業の流れが一目でわかる！社会科4年板書型指導案

「県内の伝統や文化」 3／9時

ねらい 学習問題に対する予想を考え，社会科見学の計画を立てる。

つけたい力と評価

学習問題に対する予想や予想を検証するために調べるべきことを考え，学習計画として表現している。

思考力・判断力・表現力等

課題 学習問題の予想をもとに，社会科見学の計画を立てよう。

学習問題 なぜ川越（かわごえ）の人々は370年間も変わらずに川越まつりを続けてきたのだろうか。

＜予想＞
・祭りを続けるためにみんなが協力してきたから。
・県や国がみとめて，守ってきたから。
・みんなが祭りを楽しいと思っているから。
・
・
・

＜調べること＞
・祭りを続けるために，だれが取り組みをしているのか。
・祭りを続けるために，どのような取り組みをしているのか。
・なぜ祭りを続けようと思っているのか。

つかむ（10分）

①前時の振り返りから，学習問題と本時の学習課題を提示する。

調べる（25分）

①学習問題に対する予想を考えさせる。
②学習問題に対する予想を交流し，調べることを考えさせる。

まとめる（10分）

①調べること（祭りを続けていくための取り組みや人々の願いや思い）を確認し，社会科見学のときの視点としてもたせられるようにする。

Point

本時のポイント…社会科見学では，祭りを続けていくための現在の人たちの取り組みと願いや思いについて見学や聞き取り調査が行えるよう，見学の視点を明確にします。

① 県の様子
② 住みよいくらし（水）
③ 住みよいくらし（ごみ）
④ 自然災害から人々を守る活動
⑤ 県内の伝統や文化
⑥ 先人の働き
⑦ 県内の特色ある地域の様子

「県内の伝統や文化」 4・5・6／9時

ねらい 見学計画に沿って，見学や聞き取り調査を行う。

つけたい力と評価

見学計画に沿って実物資料や文献資料，聞き取り調査などから必要な情報を集め，読み取っている。

知識及び技能

課題 見学計画にそって，社会科見学をしよう。

学習問題 なぜ川越の人々は370年間も変わらずに川越まつりを続けてきたのだろうか。

＜調べること＞
・祭りを続けるために，だれが取り組みをしているのか。
・祭りを続けるために，どのような取り組みをしているのか。
・なぜ祭りを続けようと思っているのか。

＜見学場所＞
・川越氷川神社
・川越まつり会館
・川越市立博物館

＜聞き取り調査をする相手＞
・神社の方　・まつり会館の方
・博物館の方　・町会の方

つかむ（15分）

①身支度をし，持ち物を確認する。
②学校を出発する前に再度，確認する。
　・学習問題　・見学計画　・約束事

調べる（110分）

①見学や聞き取り調査をする。
＊見学・聞き取り調査のポイント
・祭りを続けるための取り組み
・祭りに関わる人たちの願いや思い
・山車の大きさや特徴

 Point

まとめる（10分）

①帰校後，見学や聞き取り調査を通してわかったことをノートに記録させる。

Point 本時のポイント…見学中も児童が調べられているかよく観察し，必要に応じて支援をします。

3章

授業の流れが一目でわかる！社会科4年板書型指導案

「県内の伝統や文化」 7／9時

ねらい 現在の川越の人々が川越まつりのために行っている取り組みを調べ，現在の川越の人々の思いを理解する。

つけたい力と評価

現在の川越の人々が川越まつりを守り伝えていくために行っている取り組みの内容や意味と人々の思いについて理解している。

知識及び技能

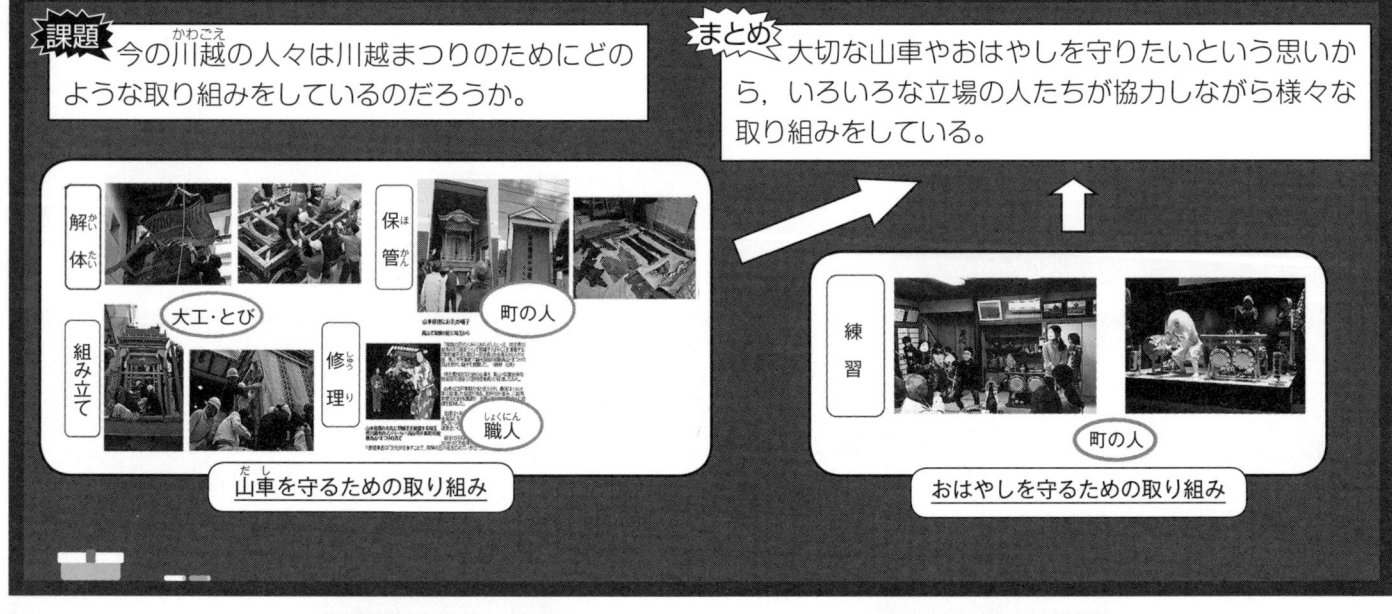

課題 今の川越(かわごえ)の人々は川越まつりのためにどのような取り組みをしているのだろうか。

まとめ 大切な山車やおはやしを守りたいという思いから，いろいろな立場の人たちが協力しながら様々な取り組みをしている。

解体(かいたい)
保管(ほかん)
大工・とび
組み立て
修理(しゅうり)
町の人
職人(しょくにん)

山車(だし)を守るための取り組み

練習
町の人

おはやしを守るための取り組み

つかむ（10分）

①社会見学を振り返り，調べてきた川越まつりに対する取り組みを発表させ，写真資料を提示する。

②**教** 川越まつりのために様々な取り組みをしていることがわかりましたが，今日は調べてきた取り組みを分類してみましょう。

③本時の学習課題を提示する。

調べる（25分）

①取り組みの意味や主体について問いながら，取り組みを分類・整理させる。

②分類・整理をすることで，「山車を守るための取り組み」と「おはやしを守るための取り組み」があることを確認する。

まとめる（10分）

①**教** 山車やおはやしを守るために様々な取り組みを様々な立場の人たちがしていましたが，なぜ様々な人たちが協力するのでしょうか？

児 大切な山車やおはやしを守りたいという思いがあるからだと思います。

②本時のまとめを書く。

Point

本時のポイント…協力することの目的や意味を問うことで，祭りに対する人々の願いや思いを考えさせます。

① 県の様子
② 住みよいくらし（水）
③ 住みよいくらし（ごみ）
④ 自然災害から人々を守る活動
⑤ 県内の伝統や文化
⑥ 先人の働き
⑦ 県内の特色ある地域の様子

130

「県内の伝統や文化」8／9時

ねらい これまで調べてきたことを振り返り，学習問題の結論を導き出す。

つけたい力と評価

祭りの存続の危機の中における当時の人々の祭りに対する取り組みを調べ，川越の人々の祭りに対する願いや思いを考え，学習問題の結論を導き出している。

思考力・判断力・表現力等

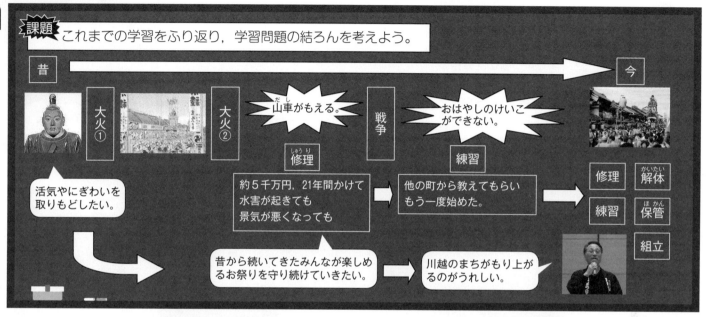

つかむ（10分）
①本時の学習課題を提示する。
②昔の祭りと現在の祭りの様子の資料を黒板に位置づけ，矢印でつなぐ。
③祭りの起源と現在の取り組みを位置づける。
④教 祭りの始まりと今の取り組みについては調べてきましたが，この間には何があったのでしょうか？

調べる（25分）
①川越まつり年表をもとに調べさせる。
　児 年表を見ると川越大火や戦争など，祭りを続けるのに大変そうな出来事がありました。
②祭りの存続の危機における当時の人々の取り組みについて，文献資料をもとに調べさせる。
③調べたことを発表させ，祭りに対する取り組みは変わらず続いてきたことを確認する。

まとめる（10分）
①教 このような取り組みを続けてきた川越の人々の思いはどのようなものであったのでしょうか？
　児 みんなが楽しめるお祭りを守り続けていきたいという思いです。
②取り組みと願いや思いを矢印でつなぎ，取り組みとともに願いや思いも継承されてきたことを確認する。 **Point**
③学習問題の結論を書かせる。

本時のポイント…どちらも同じように矢印でつなぐことで，取り組みとともに願いや思いも継承されてきたことを確認します。

3章 授業の流れが一目でわかる！社会科4年板書型指導案

「県内の伝統や文化」 9／9時

ねらい 県内の文化財や年中行事について調べ，自分にできることを考える。

つけたい力と評価

県内の文化財や年中行事について調べ，関わり方について考えたことから自分にできることを選択・判断している。

――――――――

思考力・判断力・表現力等

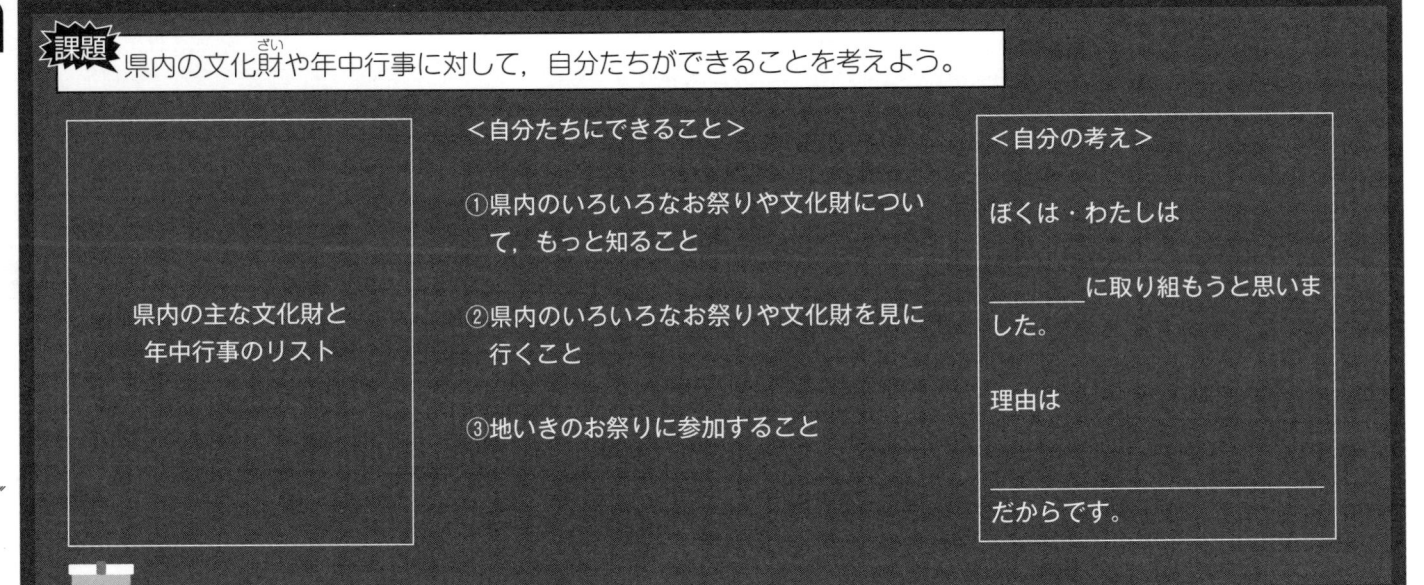

課題 県内の文化財や年中行事に対して，自分たちができることを考えよう。

<自分たちにできること>

①県内のいろいろなお祭りや文化財について，もっと知ること

②県内のいろいろなお祭りや文化財を見に行くこと

③地いきのお祭りに参加すること

県内の主な文化財と年中行事のリスト

<自分の考え>

ぼくは・わたしは

＿＿＿＿＿に取り組もうと思いました。

理由は

＿＿＿＿＿＿
だからです。

つかむ（15分）

①「県内の主な文化財と年中行事のリスト」を提示し，県内にはたくさんの古くから大切にされてきたものがあることに気づかせる。

②本時の学習課題を提示する。

教 川越の人々のように，みんなにも県内の文化財や年中行事に対してできることはありませんか？

調べる（20分）

①自分たちにできることを話し合わせ，出し合わせる。

まとめる（10分）

①本時のまとめとして，自分たちにできることとして考えたものの中から，自分の考えを選択・判断させ，表現させる。

②小単元の振り返りとして，県内の伝統や文化について学習を通して感じたことや考えたことを表現させる。

Point

Point 本時のポイント…これらの活動によって，地いきに対する誇りや社会に関わろうとする態度を養います。

132

① 県の様子

② 住みよいくらし（水）

③ 住みよいくらし（ごみ）

④ 自然災害から人々を守る活動

⑤ 県内の伝統や文化

⑥ 先人の働き

⑦ 県内の特色ある地域の様子

3章 授業の流れが一目でわかる！社会科4年 板書型指導案

「先人の働き」 1／14時

ねらい　県内の郷土の発展に尽くした人物について調べることで、関心をもち、今後の学習の見通しをもつ。

つけたい力と評価

郷土の発展に尽くした人物について知り、どのような人物の業績があったか興味・関心を高めている。

主体的に関わろうとする態度

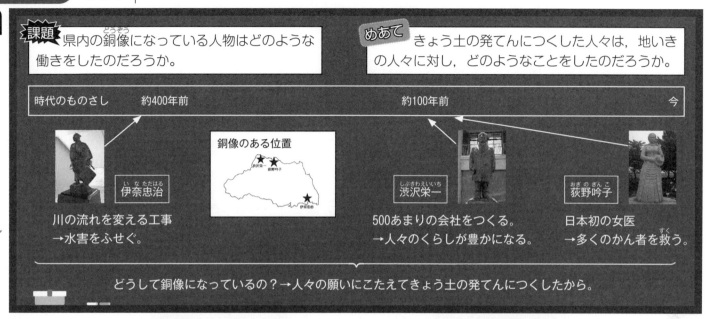

課題　県内の銅像になっている人物はどのような働きをしたのだろうか。

めあて　きょう土の発てんにつくした人々は、地いきの人々に対し、どのようなことをしたのだろうか。

時代のものさし　　約400年前　　　　　　　　　　約100年前　　　　　　　今

伊奈忠治（いなただはる）
川の流れを変える工事
→水害をふせぐ。

銅像のある位置

渋沢栄一（しぶさわえいいち）
500あまりの会社をつくる。
→人々のくらしが豊かになる。

荻野吟子（おぎのぎんこ）
日本初の女医
→多くのかん者を救う。

どうして銅像になっているの？→人々の願いにこたえてきょう土の発てんにつくしたから。

つかむ（10分）

① 伊奈忠治の銅像の写真を掲示し、紹介する。
② 知っていることがあるか児童に問いかける。
③ 川の工事によって、水害を防いだ業績を紹介し、地域の発展に尽くした人物であることをおさえる。
④ 教　県内には、他にも人物の銅像があります。
⑤ 本時の学習課題を提示する。

調べる（25分）

① 教　人物について詳しく調べていきましょう。
②「県のどこの出身か」「どの時代の人か」「どんなことをしたか」の3つの視点で調べさせる。
③ 調べたことを発表させる。
④ 時代のものさし・埼玉県の地図を、銅像の写真と矢印でつなぐ。

まとめる（10分）

① 教　この3人はどうして銅像になったのかな？
　児　偉い人だから。
　教　どうして偉いと言えるの？
　児　人々のために役立つことをしているから。
② 人々の願いに応えることに尽くしたから銅像になっていることを確認する。
③ 単元のめあてを設定する。

Point

●**本時のポイント**…調べたことをもとに、過去に郷土の発展に尽くし、人々の願いをかなえたから銅像になっていると気づかせることで、次時へつなぎます。

3章
授業の流れが一目でわかる！社会科4年板書型指導案

「先人の働き」2／14時

ねらい 年表や地図から井沢弥惣兵衛について調べ，見沼代用水をつくったことを理解する。

つけたい力と評価

郷土の発展に尽くした人物について，年表や地図などから業績を読み取り，理解している。

知識及び技能

課題 井沢弥惣兵衛（いざわやそべえ）はどのような働きをした人なのだろうか。

まとめ 井沢弥惣兵衛は今から300年ほど前に見沼代用水をつくった。

弥惣兵衛年表

年	できごと

井沢弥惣兵衛の働き

年表からわかること	地図からわかること
・幕府（ばくふ）の役人	・40km 以上ある長い水路。
・村の様子を調べた	・自分たちの地いきにも流れている。
・見沼代用水（みぬまだい）をつくった。	・利根川（とね）とつながっている。

井沢弥惣兵衛
銅像（どうぞう）になっている。
→地いきの発てんにつくした人？

どんなことをしたのだろう？

何のために，どうやってつくったのだろう？

つかむ（10分）

①井沢弥惣兵衛の銅像の写真を提示する。

②**教** 銅像になっているということはどういう人物かな？

　児 地域の発展に尽くした人だと思います。

③本時の学習課題を提示する。

調べる（25分）

①**教** 年表からどんなことがわかりますか？

　児 見沼代用水をつくったということがわかります

②**教** 地図から，見沼代用水についてどんなことがわかりますか？

　児 40Km 以上ある長い水路です。

③年表と地図それぞれからわかったことをＴチャート状に整理する。 **Point**

まとめる（10分）

①調べてわかったことを文章でまとめさせる。

②**教** 今日の学習を通して，これから調べていきたいことはありますか？

　児 これだけ長い水路をどうやってつくったか知りたいです。

　児 何のためにつくったのか知りたいです。

③本時を振り返る。

Point 本時のポイント…Ｔチャートに整理することで，どの資料から何がわかったか視覚化することができます。

「先人の働き」 3／14時

ねらい　地図から当時の村の様子を読み取り，村の人々の思いについて考え，表現する。

つけたい力と評価

当時の様子がわかる資料から，人々の苦労や願いを考え，表現している。

思考力・判断力・表現力等

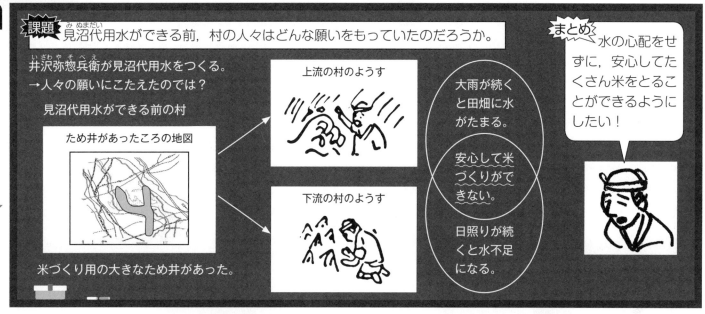

つかむ（10分）

①見沼代用水ができる前の地図を提示する。
②米づくりのために大きなため井があったことを確認する。
③**教** なぜ，大きなため井があったのに，用水路をつくったのでしょうか？
　児 ため井だけでは水が足りなかったから？
④本時の学習課題を提示する。

調べる（25分）

①ため井の上流の村の様子と，下流の村の様子を調べさせる。
②発表し合わせる。
③**Point** 調べたことをベン図形式で板書することで，上流と下流で様子がそれぞれちがうが，悩んでいることは共通していることがわかるようにする。

まとめる（10分）

①村人の悩みから願いを考えて，吹き出しに表現させる。
②次回の予定を伝える。

本時のポイント…ベン図に整理することで，上流と下流の村の状況のちがいや，水の影響による米の不作で悩んでいるという共通点に気づくことができます。

「先人の働き」 4／14時

ねらい 村の様子の変化がわかる資料から学習問題を見出し，追究しようと意欲をもつ。

つけたい力と評価

村の様子の変化から学習問題を見出し，意欲的に追究しようとしている。

主体的に関わろうとする態度

課題 見沼（みぬま）の様子や村人の思いの変化から学習問題をつくろう。

学習問題 井沢弥惣兵衛は，どのようにして見沼代用水をつくったのだろうか。また，村人の願いはかなったのだろうか。

見沼ため井があったころ　　　　　　　　　　　見沼代用水が完成したころ

村の様子

・ため井をうめて田に変えよう。
・代わりに用水路をつくろう。

・ため井がなくなっている！
・田に変わっている！

井沢弥惣兵衛（いざわやそべえ）

村人の思い

水に心配せずたくさん米をとりたい。

ため井をなくすのは反対だ！

？

村人の思いは？

つかむ（10分）

①ため井があったころの絵地図を提示する。

②教　このとき村人はどのような思いでしたか？

児　水の心配をせず，米をたくさんつくりたい。

③教　では，この村がどうなったのか，これから調べていきましょう。

→本時の学習課題を提示する。

調べる（25分）

①弥惣兵衛がため井を田に変え，代わりに用水路をつくる提案をしたことや，それに村人が反対した経緯を調べさせる。

②教　村人はなぜ弥惣兵衛に反対したのかな？

→ため井がなくなると米がつくれなくなるから。

③板書を2段に分け，上段に村の様子，下段に村人の思いを板書する。　**Point**

まとめる（10分）

①見沼代用水ができた頃の村の絵地図を提示し，気づいたことを発表させる。

児　ため井が田になっている！

児　両側に見沼代用水ができている！

②疑問に思ったことを発表し，学習問題をつくる。

児　どうやってつくったのかな？

児　田ができたのだから，願いがかなった？

Point　本時のポイント…板書を2段に分けることで，村の様子の変化に伴って村人の思いも変化していったことが捉えやすくなります。

「先人の働き」5・6・7/14時 ※見学2時間

ねらい　地図から，水路の流れやまわりの様子を読み取り，見沼代用水がどのように流れているか調べる。

つけたい力と評価

白地図の着色作業を通して，用水路の流れや周辺の様子を読み取っている。

知識及び技能

課題　見沼代用水はどのように流れているのだろうか。

まとめ　見沼代用は水利根川から水を取り入れ，川と交差したり，東西に分かれたりしながら，北から南に流れている。

地図からわかること…〇　ぎもんや調べたいこと…□
見学してわかったこと…☆

〇利根川から水を取り入れている。
□近くの川ではなく，どうして利根川から？

〇星川と重なっている部分がある。
☆星川と合流する。

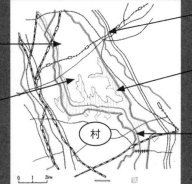
村

〇北から南に流れている。

〇川と交差している場所がある。
□どうなっているのだろうか？
☆川の下を見沼代用水がくぐっている。

〇東べりと西べりに分かれている。
□どうして東西に分けたのだろう？

つかむ（10分）
①地図を掲示し，村の位置を確認する。
②本時の課題を設定する。

調べる（35分）
①グループで白地図に，見沼代用水を赤，その他の川を青で着色させる。
②地図からわかること，疑問や調べたいことを話し合い，わかることには〇印，調べたいことには□印をつけて書き込む。
③発表し，板書する。その際，地図のどこからわかったか矢印で示す。
④□印がついたことがらを確認し，見学調査や，これから調べていくときの内容や視点になることを伝える。

Point

見学・まとめる（90分）
①実際に見学し，わかったことを白地図（個別に配布しておく）に記録させる。その際，地図上ではわからなかった□印をつけた項目が解決できるよう意識させる。
②見学後，教室でわかったことを発表させ，☆印をつけて板書に書き込む。その際，どの場所でわかったか，矢印で示す。
③わかったことを文章でまとめる。

Point 本時のポイント…地図だけではわからないことを整理しておくことで，調べ学習や見学の際の計画づくりを行うことができます。

「先人の働き」 8／14時

ねらい 資料から当時の土木工事の様子について読み取り，村人が協力して工事したことを理解する。

つけたい力と評価

資料から当時の読み取った土木工事の様子と村人の努力や苦労を関連づけて理解している。

知識及び技能

課題 見沼代用水（み ぬまだい）の工事はどのように行われたのだろうか。

まとめ 工事は木の道具で村人が協力して手作業で行い，5か月で完成させた。

○今だったらどのように行うかな？
・ブルドーザーやショベルカーを使う。
・機械があるからすぐにできる。

＜使われた道具＞

・くわ
・たたき板
・じょれん
・すき
・もっこ
・四づき

＜工事の様子＞

・協力して作業
・すべて手作業
　→大変そう。
　→時間がかかりそう。

＜博物館の人の話＞

・上流と下流の両方からほっていった。
・合わさったときに，ほぼ正確（せいかく）だった。
・作業は5か月で完成させた。

こんな大変な作業なのに
5か月でできたのはすごい！

つかむ（10分）

①前回の作成した地図（教室に掲示しておく），見沼代用水の規模を振り返る。
②本時の課題を設定する。
③**教** 今だったら，どのようにつくりますか？
　児 機械を使ってつくります。
④**教** この時代はどうでしょうか？
⑤本時の学習課題を設定する。

調べる（25分）

①当時使われていた道具を調べる。
②工事の様子の想像図から，調べた道具がどのように使われていたか調べさせる。
③工事の様子から気がついたことや思ったことを話し合わせる。
④博物館の人の話を聞き，わかったことを整理する。

まとめる（10分）

①本時のまとめを書く。
②改めて工事の期間が5か月だったことに着目させ，次回は工事の計画について調べることを確認する。

Point

本時のポイント…本時で出た児童の疑問や驚きから次回の課題を設定することで，学んだ内容から問題意識を次に継続することができます。

「先人の働き」 9／14時

ねらい　年表等の資料から，工事期間について読み取り，農作業と重ならないよう計画したことを理解する。

つけたい力と評価

工事期間が短く計画された理由を，農作業の時期と関連づけて，資料から読み取り，理解している。

知識及び技能

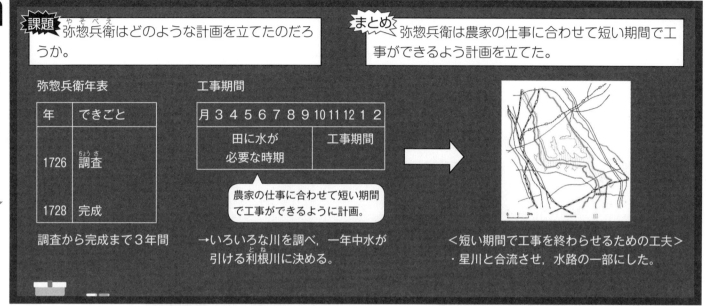

課題　弥惣兵衛はどのような計画を立てたのだろうか。

まとめ　弥惣兵衛は農家の仕事に合わせて短い期間で工事ができるよう計画を立てた。

弥惣兵衛年表

年	できごと
1726	調査
1728	完成

調査から完成まで3年間

工事期間

月	3	4	5	6	7	8	9	10	11	12	1	2
	田に水が必要な時期							工事期間				

農家の仕事に合わせて短い期間で工事ができるように計画。

→いろいろな川を調べ，一年中水が引ける利根川(とね)に決める。

＜短い期間で工事を終わらせるための工夫＞
・星川と合流させ，水路の一部にした。

つかむ（10分）

①前回の学習から，見沼代用水が5か月で完成したことを振り返る。
②年表から，弥惣兵衛が村の調査をしてから完成まで3年間あったことを読み取らせる。
③本時の課題を設定する。

調べる（25分）

①工事期間の表を読み取り，農作業の期間は工事を行わなかったことを読み取らせる。
②弥惣兵衛が行った調査について副読本から調べ，利根川に決定したことを読み取る。
③短い期間で終わらせるための工夫として，星川を利用したことを，副読本や地図で調べさせる。

まとめる（10分）

①本時のまとめを書く。
②**教**　今回の学習で，利根川を選んだ理由や，川と重なっている部分の謎も解けました。他にまだ解決していない疑問はありますか？
　児　川と交差しているところです。
　児　東西に分けた理由です。
③次回の予定を伝える。

Point

本時のポイント…第5時につくった地図を確認し，解決した疑問や未解決の疑問を確かめることで，単元を通して問題意識を継続することができます。

「先人の働き」10・11／14時

ねらい 見沼代用水のときに行った工夫について資料から読み取り、当時の土木技術や地形を利用した工夫について理解する。

つけたい力と評価

絵図や地図から、当時の土木技術の高さや、地形を利用した工夫について読み取り、理解している。

知識及び技能

課題 川と交差しているところはどうなっているのだろうか。また、なぜ東べりと西べりに分けたのだろうか。

まとめ 川と川が交差しているところは、かけといやふせこしという技術を使った。また、芝川を排水路として使うために、東べりと西べりに分けた。

＜川と交差しているところ＞

○元荒川と交差

○綾瀬川と交差

＜東べりと西べり＞

水の流れ→

上　西べり　芝川　東べり　田　田　横　台地　台地

すべて弥惣兵衛のアイデア！

・子どものころから算数が得意で、土木技術に生かした。

・全国各地で新しい田をつくる仕事や水害をふせぐ仕事をしてきた経験。

＜ふせこし＞
→元荒川の下を見沼代用水が通る。

＜かけとい＞
→綾瀬川の上を見沼代用水が通る。

→水が田全体に行きわたる。
→芝川を排水路にできる。

つかむ（10分）

①第5時で使った地図をもとに、川と交差している場所や川の名前、東西に分かれている場所を確認する。

②本時の課題を設定する。

調べる（①〜④35分、⑤35分）

①副読本から「ふせこし」について調べさせる。

②「ふせこし」のしくみを解説する。

③副読本から「かけとい」について調べさせる。

④現在の写真を示し、現在はふせこしと同じしくみで川の下を通っていることを確認する。

⑤副読本や図から、東べりと西べりに分けた理由について調べ、発表させる。

まとめる（10分）

①調べたことを文章でまとめさせる。

②これらの工夫が弥惣兵衛のアイデアということを伝え、「どうして弥惣兵衛はこんなことができたのか」という思いをもたせた上で、弥惣兵衛について書かれた簡単な読み物を読む。

Point

本時のポイント…業績を調べていく中で、人物のエピソードにも触れることで、郷土の人物に対して愛着や誇りをもつことにもつながります。

「先人の働き」12／14時

ねらい 村の様子や米の取れ高の変化を読み取り，洪水の心配がなくなったことや米の取れ高が増えたことを理解する。

つけたい力と評価

洪水の解決や，田の面積と米の取れ高が増えたことと，人々の願いがかなったことを関連づけて理解している。

知識及び技能

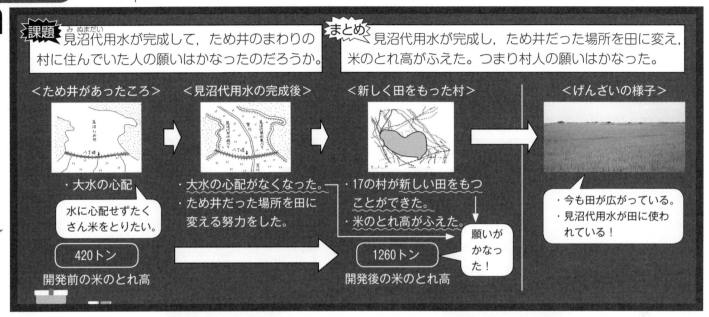

課題 見沼代用水が完成して，ため井のまわりの村に住んでいた人の願いはかなったのだろうか。

まとめ 見沼代用水が完成し，ため井だった場所を田に変え，米のとれ高がふえた。つまり村人の願いはかなった。

＜ため井があったころ＞　＜見沼代用水の完成後＞　＜新しく田をもった村＞　＜げんざいの様子＞

- 大水の心配
- 水に心配せずたくさん米をとりたい。
- 大水の心配がなくなった。
- ため井だった場所を田に変える努力をした。
- 17の村が新しい田をもつことができた。
- 米のとれ高がふえた。
- 願いがかなった！
- 今も田が広がっている。
- 見沼代用水が田に使われている！

420トン　開発前の米のとれ高 → 1260トン　開発後の米のとれ高

つかむ（5分）
① 前回までの学習で，見沼代用水を「どのようにつくったのか」について調べられたことを確認し，今日から「人々の願いがどうなったか」について調べていくことを伝える。
② ため井のまわりの村の様子や願いを振り返り，本時の課題を設定する。
※下流の村については次回調べさせる。

調べる（30分）
① 見沼代用水が完成したあとの村の様子や村人の働きを，副読本や資料から調べさせる。
② 新しく田をもつことができた村を調べさせる。
③ 完成前と完成後の米のとれ高を比較する。
④ **教** 米が前よりも多くとれるようになったということは，村人の願いはどうなったかな？
　児 かないました。

まとめる（10分）
① 本時のまとめを書く。
② 最後に，現在の航空写真を示して古地図と比較し，今でもその土地で米づくりが行われていることや，見沼代用水が利用されていることを紹介する。

Point

本時のポイント…先人がつくり上げてきたものが今日でも活用されている事例を紹介することで，郷土の歴史と現代とのつながりを意識することができます。

「先人の働き」 13／14時

ねらい 村の様子の変化や，人々が立てた石碑から，村の人々の願いがかない，弥惣兵衛が感謝されたことを理解する。

つけたい力と評価

水不足の解消や田の面積が増えたこと，人々が弥惣兵衛に感謝したことを関連づけて理解している。

―――――

知識及び技能

課題 見沼代用水が完成して，ため井の下流の村に住んでいた人の願いはかなったのだろうか。

まとめ 見沼代用水が完成して，下流の村は水不足の心配がなくなり，新しい田もふえた。つまり，村人の願いはかなった。

＜見沼代用水が完成する前＞　　→　　＜見沼代用水完成後＞　　→　　＜弥惣兵衛をたたえる石碑＞

・水不足

水に心配せずたくさん米をとりたい。

・利根川から安定して水が引ける。
・使わなくなった沼を田に変える。
・下流も田がふえる。

願いがかなった！　→　村人からの弥惣兵衛への感しゃ

今も残っている。

つかむ（5分）

①見沼代用水ができる前の，ため井の下流の村の様子や村人の願いを振り返る。

②本時の学習課題を提示する。

調べる（25分）

①見沼代用水の完成後の村の様子について，地図や副読本で調べる。

②**教** 村人の願いはかないましたか？

児 かないました。

③**教** なぜかなったと言えますか？ **Point**

児 水不足の心配がなくなったからです。

児 新しい田がたくさん増えたからです。

まとめる（15分）

①**教** 今も石碑が残っているのはなぜでしょうか？

児 弥惣兵衛への感謝を忘れないためだと思います。

②本時のまとめを書く。

本時のポイント…前時の学習を生かし，願いがかなったと言える理由を，根拠を明確に説明できるようにします。

3章 授業の流れが一目でわかる！社会科4年板書型指導案

「先人の働き」14／14時

ねらい これまで調べたことを整理し，見沼代用水完成までの流れや村人の思いを関連づけて考え，表現する。

つけたい力と評価

紙芝居の台詞を考えることで，見沼代用水を完成させ村人の願いをかなえた弥惣兵衛の業績について考え，表現している。

思考力・判断力・表現力等

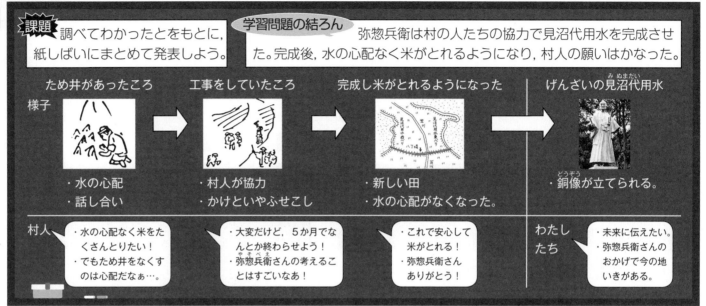

つかむ（5分）
①調べた内容を紙芝居でまとめることを伝え，本時の課題を設定する。
※場面はあらかじめこちらで選定しておく。

調べる（25分）
①3つの場面を示し，村や工事の様子について振り返らせる。
②それぞれの場面にあてはまる村人のセリフをグループで考え，話し合わせる。
③最後の場面は，現在の見沼代用水のほとりに立つ弥惣兵衛の銅像にすることを伝え，学習してきた自分たちの思いを書かせる。 **Point**

まとめる（15分）
①グループごとに発表させる。
②発表を聞きながら，台詞を板書していく。
③学習問題のまとめを書かせる。

Point 本時のポイント…人々の願いを考えることや，現在のわたしたちの思いも考えることで，郷土の発展に尽くした人物の働きの意味に気づくことができます。

3章

授業の流れが一目でわかる！社会科4年板書型指導案

144

「県内の特色ある地域の様子（地場産業）」1／7時

ねらい 埼玉県の特色のある地域について,生活経験をもとに話し合い,今後の学習のめあてをつくる。

つけたい力と評価

生活経験から県内の特色のある市町村について話し合い,今後の学習に意欲的に取り組もうとしている。

――――

主体的に関わろうとする態度

課題 県内にはどのような特色のあるまちがあるのだろうか。

＜行ったことのあるまち・何をしたのか＞

○長瀞町…ラフティングやライン下りをした。

○小川町…和紙すき体験をした。

○秩父市…いちごがりをした。

○川越市…菓子屋横丁に行った。

○狭山市…お茶つみ体験をした。

○行田市…古ふんを見に行った。

○春日部市…大だこを見に行った。

めあて 埼玉県の特色のある地いきのまちの様子について調べよう。

つかむ（20分）

①これまでに行ったことのあるまちの名前や行った目的を交流させ,発表させる。

教 これまでに行ったことがあるまちはありますか？　そのまちには何をしに行きましたか？

児 小川町に和紙漉き体験に行きました。

②本時の学習課題を提示する。

Point

調べる（20分）

①児童が行ったことのあるまちの名前と位置,目的を白地図にまとめる。

まとめる（5分）

①埼玉県にはたくさんの特色あるまちがあることを確認し,めあてを提示する。

Point 本時のポイント…生活経験を想起させ,県内には観光や自然,伝統文化などにおいて特色をもった地域があることに気づかせます。

---

① 県の様子

② 住みよいくらし（水）

③ 住みよいくらし（ごみ）

④ 自然災害から人々を守る活動

⑤ 県内の統計や文化

⑥ 先人の働き

⑦ 県内の特色ある地域の様子

「県内の特色ある地域の様子（地場産業）」2／7時

ねらい 小川町の和紙づくりについて調べ、学習問題をつくる。

つけたい力と評価

小川町の和紙づくりが世界に認められたことや昔から和紙づくりがさかんであったことから、学習問題を見出している。

思考力・判断力・表現力等

課題 小川町の和紙づくりについて調べ、学習問題をつくろう。

学習問題 小川町では、なぜ和紙づくりがさかんになり、どのように和紙をまちづくりに生かしているのだろうか。

なぜ町の人たちはよろこんでいるの？

和紙のイベントもやっている？

小川町の和紙についての年表
- 1653年 細川紙がつくられるようになる。
- 1817年 たくさんの和紙工場ができる。
- 1949年 七夕祭りが始まる。
- 1971年 埼玉県の無形文化遺産の指定を受ける。
- 1978年 国の無形文化財の指定を受ける。

＜役場のたれまく＞
「ユネスコ無形文化遺産（いさん）」→世界にみとめられている。
「小川和紙マラソン大会」→和紙を生かしたイベント

＜年表からわかること＞
・350年以上前から和紙づくりが行われている。
・県や国、世界にみとめられている。
・昔から和紙を生かしたイベントをやっている。

つかむ（10分）

① 前時の学習を振り返り、本時の学習課題を提示する。
② 小川町の位置を地図帳で確認させる。
「県の様子」で学習した地形や交通などの視点からも調べさせる。

調べる（25分）

① 小川の細川和紙がユネスコ無形文化遺産に登録されたときの写真を提示し、気づいたことを話し合わせる。
② 小川の和紙づくり年表を提示し、小川町の和紙づくりとその歴史について調べさせる。

まとめる（10分）

① ユネスコ無形文化遺産に登録されたことと、和紙づくりが昔からさかんに行われてきたこととをもとに学習問題をつくる。

本時のポイント…地場産業は歴史的に古くから県内でさかんに行われてきたものが多いため、年表を使って調べさせると効果的です。

3章 授業の流れが一目でわかる！社会科4年板書型指導案

「県内の特色ある地域の様子（地場産業）」3／7時

ねらい 和紙づくりがさかんになった理由について，地図帳や写真，文献などの資料をもとに調べる。

つけたい力と評価

地図帳や写真，文献などの資料を活用し，位置や空間的な広がりを視点に，和紙づくりがさかんになった理由を読み取っている。

知識及び技能

課題 小川町では，なぜ和紙づくりがさかんになったのだろうか。

まとめ 小川町は原料となるこうぞやきれいな水が手に入りやすく，江戸の町に近かったため，和紙づくりがさかんになった。

こうぞの皮 → 原料がとれた。

こうぞ畑

槻川（つきがわ）

きれいな水

和紙工場

和紙を売るお店

江戸の町で使われていた（えど）

江戸に売る。

江戸で使われていた。

たくさんの人が使う。

つかむ（10分）

①本時の学習課題を提示する。
②本時の学習課題に対する予想をさせる。

調べる（25分）

①写真資料と文献資料から，小川町が原料の生産に適した自然環境を有していたことを読み取らせる。
②写真資料と文献資料，地図帳から江戸時代に江戸の町では大量の紙が消費されていたことや和紙の供給地として小川町が地理的に適していたことを読み取らせる。

まとめる（10分）

①小川町の和紙づくりは，小川町が原料の産地であり供給先に近かったという地理的環境を生かして，発展してきたことに気づかせる。
②本時のまとめをさせる。

Point

本時のポイント…位置や空間的な広がりを視点に考えることで，小川町で和紙づくりがさかんになった理由を理解することができます。

146

---

① 県の様子
② 住みよいくらし（水）
③ 住みよいくらしごみ
④ 自然災害から人々を守る活動
⑤ 県内の伝統や文化
⑥ 先人の働き
⑦ 県内の特色ある地域の様子

「県内の特色ある地域の様子(地場産業)」4／7時

ねらい 和紙づくりの工程から，和紙職人の工夫や努力について調べる。

つけたい力と評価

小川町の和紙づくりは，たくさんの工程や伝統的な技術，道具を生かして行われていることを理解している。

知識及び技能

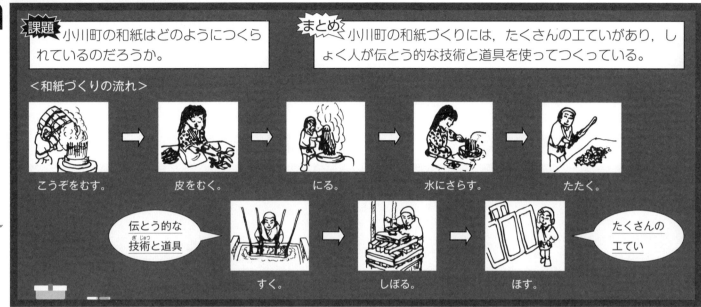

課題 小川町の和紙はどのようにつくられているのだろうか。

まとめ 小川町の和紙づくりには，たくさんの工ていがあり，しょく人が伝とう的な技術と道具を使ってつくっている。

＜和紙づくりの流れ＞

こうぞをむす。 → 皮をむく。 → にる。 → 水にさらす。 → たたく。

伝とう的な技術と道具

すく。 → しぼる。 → ほす。

たくさんの工てい

つかむ（10分）
①本時の学習課題を提示する。
②本時の学習課題に対する予想をさせる。

調べる（25分）
①和紙づくりの流れを写真資料や文献資料から読み取らせる。
②読み取ったことを発表させ，黒板にまとめていく。
③小川の和紙づくりの特徴について話し合わせる。 **Point**

まとめる（10分）
①小川町の和紙づくりには，たくさんの工程があり，職人の伝統的な技術と道具によってつくられていることを確認する。
②本時のまとめをさせる。

本時のポイント…地場産業として伝統的に受け継がれてきている技術や製法があることに気づかせます。

「県内の特色ある地域の様子（地場産業）」5／7時

ねらい 小川町の和紙の使われ方について調べ，小川町の和紙づくりの課題について考える。

つけたい力と評価

小川町でつくられた和紙の使われ方を調べ，小川町の和紙づくりの課題を見出している。

―――――――
思考力・判断力・表現力等

課題 小川町でつくられた和紙はどのように使われているのだろうか。

まとめ 小川町の和紙は，作品や工げい品に使われている。しかし，機械式の和紙や洋紙が広がったことによって課題も生まれている。

＜和紙の使われ方＞

作品やおみやげ，工芸品など

機械でつくられた和紙や洋紙

手すきの和紙はあまり使われていない？

＜小川町の和紙づくりの課題＞
○機械式の和紙や洋紙が広がってから，手すきの和紙が売れなくなってしまった。
○伝とう的な技術を受けつぐしょく人が少なくなっている。

つかむ（10分）

①本時の学習課題を提示する。
②本時の学習課題に対する予想をさせる。

調べる（25分）

①小川の和紙の使われ方を写真資料や文献資料から読み取らせる。
②障子やコピー用紙の原材料を調べさせ，機械式の和紙や洋紙が使われていることに気づかせる。
③和紙職人の話から和紙づくりの課題について考えさせる。

まとめる（10分）

①小川町の和紙は様々なところで使われているが限定的であり，現在，紙の多くは機械式の和紙や洋紙に代わってきていることに気づかせる。
②本時のまとめをさせる。

Point

本時のポイント…和紙づくりの課題を捉えさせることで，次時のまちの取り組みにつなげることができます。

「県内の特色ある地域の様子(地場産業)」6／7時

ねらい 小川町が行っている和紙づくりを生かした様々な取り組みについて調べる。

つけたい力と評価

小川町が行っている取り組みの意味を考えることで、小川町では和紙づくりを観光やまちづくりに生かしていることを理解している。

知識及び技能

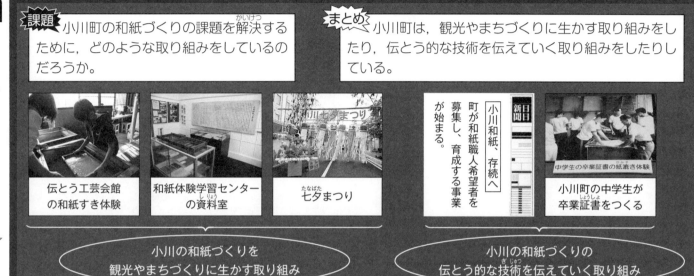

課題 小川町の和紙づくりの課題を解決するために、どのような取り組みをしているのだろうか。

まとめ 小川町は、観光やまちづくりに生かす取り組みをしたり、伝とう的な技術を伝えていく取り組みをしたりしている。

- 伝とう工芸会館の和紙すき体験
- 和紙体験学習センターの資料室
- 七夕まつり
- 小川和紙、存続へ 町が和紙職人希望者を募集し、育成する事業が始まる。
- 小川町の中学生が卒業証書をつくる

小川の和紙づくりを観光やまちづくりに生かす取り組み

小川の和紙づくりの伝とう的な技術を伝えていく取り組み

つかむ（10分）

①前時の学習から、小川町の和紙づくりの課題について振り返り、本時の学習課題を提示する。
②本時の学習課題に対する予想をさせる。

調べる（25分）

①小川町の取り組みについて写真や文献資料をもとに調べ、一つ一つの取り組みの意味を考えさせる。
②調べた取り組みを分類し、それらの取り組みの目的を考えさせる。 **Point**

まとめる（10分）

①小川町では和紙づくりを観光やまちづくりに生かしたり、伝統的な技術を次の世代に伝えていったりすることで課題の解決にあたっていることに気づかせる。
②本時のまとめをさせる。

本時のポイント…取り組みを分類していくことで、一つ一つの取り組みが観光やまちづくりに生かされていることを理解させることができます。

3章 授業の流れが一目でわかる！社会科4年板書型指導案

「県内の特色ある地域の様子（地場産業）」7／7時

ねらい これまでの学習を振り返り，整理することで，学習問題の結論を導き出す。

つけたい力と評価

これまでの学習を整理し，和紙づくりを生かしたまちづくりに関わる人々について考えることを通して，学習問題の結論を導き出している。

思考力・判断力・表現力等

課題 これまでの学習をふり返り，学習問題の結ろんを考えよう。

学習問題の結ろん 小川町は，原料の産地であることや江戸に近かったため和紙づくりがさかんになった。また，町役場の人たちやしょく人が協力して取り組みを行い，伝とう的な和紙づくりをまちづくりに生かしている。

＜和紙づくりがさかんになった理由＞
・原料が昔からとれたから。
・江戸の町でたくさん使われていたから。

昔から和紙づくりが行われてきた。
⇒伝とう的な和紙づくり

協力

＜和紙づくりを生かす取り組み＞
・和紙づくりを体験できるしせつ
・和紙づくりを学習できるしせつ
・和紙を使ったイベント

和紙づくりを生かした取り組み

伝とう的な和紙づくりをまちづくりに生かしている。

つかむ（5分）

①本時の学習課題を提示する。

調べる（25分）

①学習してきたことを振り返り，「和紙づくりがさかんになった理由」と「和紙づくりを生かす取り組み」に整理させる。
②どのような立場の人たちが関わっているのか考えさせる。 **Point**

まとめる（15分）

①学習問題の結論を考えさせ，記述させる。
②小川町の魅力を表すキャッチフレーズを考えさせる。

本時のポイント…特色のある地域では，どのような立場の人が特色を守ったり，生み出したりするための役割を果たしているのか考えさせます。

①県の様子
②住みよいくらし（水）
③住みよいくらし（ごみ）
④自然災害から人々を守る活動
⑤県内の伝統や文化
⑥先人の働き
⑦県内の特色ある地域の様子

150

「県内の特色ある地域の様子（伝統的な文化）」1／9時

ねらい 川越市の蔵造りの町並みについて調べ，学習問題をつくる。

つけたい力と評価

川越市の蔵造りの町並みの昔と今を比較し，その変化から，学習問題を見出している。

思考力・判断力・表現力等

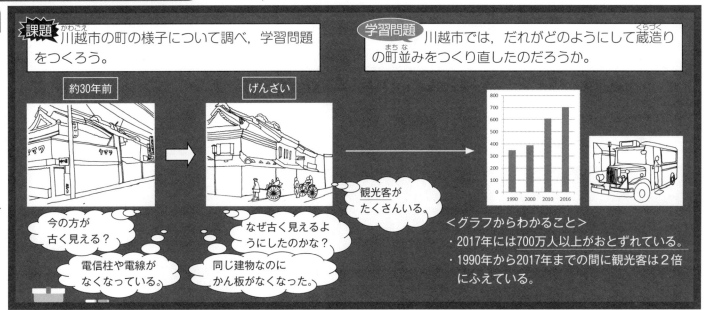

つかむ（10分）

①埼玉県の特色あるまちについて話し合ったことを想起させ，本時の課題を提示する。
②川越市の位置を地図帳で確認させる。「県の様子」で学習した地形や交通などの視点からも調べさせる。

調べる（25分）

①現在の川越市の蔵造りの町並みの写真と昔の蔵造りの町並みの写真を比較させ，共通点や相違点について話し合わせる。
②川越市の観光客数のグラフを読み取らせ，蔵造りの町並みの変化と関連づけて考えさせる。

まとめる（10分）

①川越市の蔵造りの町並みがあえて古い町並みにつくり直されたことや蔵造りの町並みが整備されたことにより，多くの観光客が訪れるようになったことから学習問題を考える。
②学習問題に対し，どのような人たちがどのようにして町並みをつくり直したのか予想させる。

本時のポイント…伝統的な文化を保護・活用している地域の事例を扱うときは，「保護・活用に関わる人」と「保護活用の方法」を問う学習問題をつくるようにします。

3章 授業の流れが一目でわかる！社会科４年板書型指導案

「県内の特色ある地域の様子（伝統的な文化）」2／9時

ねらい 蔵造の町並みをつくり直した人に着目し，年表を活用して調べる。

つけたい力と評価

年表から蔵造りの町並みに関係する出来事やつくり直した人を読み取っている。

知識及び技能

課題 だれが蔵造りの町並みをつくり直したのだろうか。

まとめ 蔵造りの町並みは市役所の人たちや地いきの人たちによってつくり直された。

川越市蔵造りの町並み年表

1893	蔵造りの町並みができ始める。
1971	地いきから蔵造りの町並みを残すよう声が上がる。
1975	市が蔵造りの建物を文化財に指定する。
1983	蔵の会ができる。
1989	町並みを守る決まりができる。
1992	電線を地下にうめる工事を行う。
1999	国が蔵造りのまちを「重要伝とう的建造物群保存地区」に指定する。

<蔵造りの町並みができたきっかけ>
川越大火　→　町がもえた　→火事に強い町並みにするために，
　　　　　　　　　　　　　　　　蔵造りの町並みがつくられた。

<蔵造りの町並みをつくり直すために活動した人たち>
　地いきの人たち　　　　　　　　　　市役所の人たち
　（川越蔵の会）　　（川越町並み委員会）

つかむ（10分）

①本時の学習課題を提示する。
②本時の学習課題に対する予想をさせる。

調べる（25分）

①「川越市蔵造りの町並み年表」を提示し，蔵造りの町並みができたきっかけを読み取らせる。
②年表から，蔵造りの町並みをつくり直した人を読み取らせる。 **Point**

まとめる（10分）

①本時のまとめとして，蔵造りの町並みをつくり直した人は，地域の人たちや市役所の人たちであることをまとめさせる。
②地域の人たちや市役所の人たちが，どのようにして蔵造りの町並みをつくり直していったのかを詳しく調べるために，聞き取り調査に行くことを予告する。

Point 本時のポイント…年表を使うことで，蔵造りの町並みをつくり直すための出来事と関係する人を見つけさせることができます。

「県内の特色ある地域の様子（伝統的な文化）」3・4・5／9時

ねらい 地域の人や川越市役所の人たちへの聞き取り調査を行い，蔵造りの町並みへの取り組みを調べる。

つけたい力と評価

学習問題を解決するために，主体的に聞き取り調査に取り組もうとしている。

主体的に関わろうとする態度

【板書】

課題 蔵造りの町並みをつくり直すための取り組みについて聞き取り調査をして調べよう。

学習問題 川越市は，だれがどのようにして蔵造りの町並みをつくり直したのだろうか。

＜聞き取り調査をする相手＞
・蔵の会の人
・川越町並み委員会の人
・市役所の人

＜聞き取る内容＞
・蔵の会の活動内容
・川越町並み委員会の活動内容
・市役所の文化財の保護の仕方について

つかむ（15分）

①身支度をし，持ち物を確認する。
②学校を出発する前に再度，確認する。
・学習問題　・見学計画　・約束事

調べる（100分）

①見学や聞き取り調査をする。
＊見学・聞き取り調査のポイント
・蔵の会の人たちの活動内容
・川越町並み委員会の活動内容
・市役所の文化財の保護の仕方について

まとめる（20分）

①帰校後，見学や聞き取り調査を通してわかったことをノートに記録させる。

本時のポイント…見学中も児童が調べられているかよく観察し，必要に応じて支援をします。

3章 授業の流れが一目でわかる！社会科４年板書型指導案

「県内の特色ある地域の様子（伝統的な文化）」6／9時

ねらい 蔵造りの町並みをつくり直すための川越蔵の会の人たちの取り組みをまとめる。

つけたい力と評価

見学や聞き取り調査で調べたことから，川越蔵の会の人たちが蔵造りの町並みをつくり直すために行った取り組みを理解している。

知識及び技能

課題 蔵造り（くらづくり）の町並（まちな）みをつくり直すために，川越（かわごえ）蔵の会の人たちは何をしたのだろうか。

まとめ 蔵造りの町並みをつくり直すために，川越蔵の会の人たちは，古い建物を守るための活動をしたり，市役所にお願いをしたりしていた。

＜川越蔵の会の取り組み＞
・古い建物の新しい使い方を考えること
・古い建物の保存（ほぞん）を市役所にお願いすること
・古い建物の様子を記録したり調査（ちょうさ）したりすること

地いきの人
↓
蔵造りの町並みを残したい。
↓
川越蔵の会をつくった。

つかむ（10分）

①聞き取り調査のときに配布した蔵造りの町並みの資料から，調査内容を想起させる。
②本時の学習課題を提示する。

調べる（25分）

①川越蔵の会の取り組みについて，聞き取り調査からわかったことを話し合わせ，まとめさせる。 **Point**
②川越蔵の会の取り組みから，川越蔵の会の人たちの思いについて，考えさせ話し合わせる。

まとめる（10分）

①川越蔵の会の人たちの取り組みについて振り返らせ，本時のまとめをさせる。

本時のポイント…聞き取り調査で調べたことを共有することで，確かな知識にします。

①県の様子
②住みよいくらし（水）
③住みよいくらし（ごみ）
④自然災害から人々を守る活動
⑤県内の伝統や文化
⑥先人の働き
⑦県内の特色ある地域の様子

3章 授業の流れが一目でわかる！社会科4年板書型指導案

「県内の特色ある地域の様子（伝統的な文化）」7/9時

ねらい 蔵造りの町並みをつくり直すための川越町並み委員会の人たちの取り組みをまとめる。

つけたい力と評価

見学や聞き取り調査で調べたことから，川越町並み委員会では，様々な立場の人たちが蔵造りの町並みをつくり直すための取り組みに参加していることを理解している。

知識及び技能

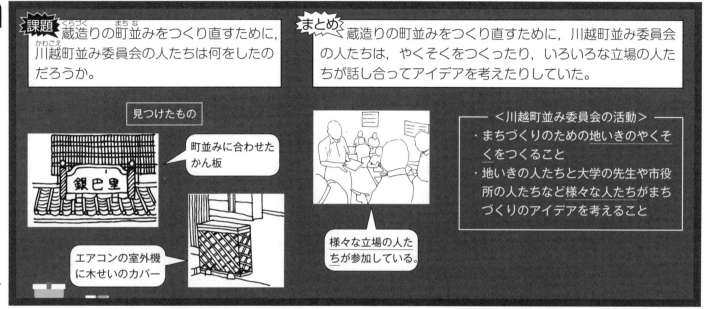

課題 蔵造りの町並みをつくり直すために，川越町並み委員会の人たちは何をしたのだろうか。

見つけたもの
- 町並みに合わせたかん板
- エアコンの室外機に木せいのカバー

まとめ 蔵造りの町並みをつくり直すために，川越町並み委員会の人たちは，やくそくをつくったり，いろいろな立場の人たちが話し合ってアイデアを考えたりしていた。

様々な立場の人たちが参加している。

＜川越町並み委員会の活動＞
・まちづくりのための地いきのやくそくをつくること
・地いきの人たちと大学の先生や市役所の人たちなど様々な人たちがまちづくりのアイデアを考えること

つかむ（10分）
①聞き取り調査のときの写真を提示し，調査内容を想起させる。
②本時の学習課題を提示する。

調べる（25分）
①川越町並み委員会の取り組みについて，聞き取り調査からわかったことを発表させる。
②川越町並み委員会に参加する人たちに着目させ，なぜ様々な立場の人たちが参加しているのかを考えさせ，話し合わせる。 **Point**

まとめる（10分）
①川越町並み委員会の人たちの取り組みについて振り返り，本時のまとめをさせる。

本時のポイント…よりよいまちづくりを目指して様々な立場の人が協力していることに気づかせます。

3章 授業の流れが一目でわかる！社会科4年板書型指導案

「県内の特色ある地域の様子（伝統的な文化）」8／9時

ねらい 蔵造りの町並みをつくり直すための川越市役所の人たちの取り組みをまとめる。

つけたい力と評価

見学や聞き取り調査で調べたことから，川越市役所の人たちは決まりをつくることで蔵造りの町並みを守ろうとしていることを理解している。

知識及び技能

課題 蔵造り（くらづく）の町並（まちな）みをつくり直すために，川越（かわごえ）市役所の人たちは何をしたのだろうか。

まとめ 川越市役所の人たちは地いきの人たちと話し合い，蔵造りの町並みを守るための決まりをつくるなどしていた。

＜ガイドラインに合わせた町並み＞

＜川越市役所の活動＞
・川越町並み委員会に参加し，まちづくりについて話し合うこと
・川越市都市景観条例（じょうれい）やまちづくりガイドラインをつくったこと

まちづくりガイドライン
○道はばは広くとる。
○電信柱は地中にうめる。
○建物の高さは11m以下とする。
○まちのイメージをこわさないような建物にすること。

つかむ（10分）

①聞き取り調査のときの写真を提示し，調査内容を想起させる。
②本時の学習課題を提示する。

調べる（25分）

①川越市役所の取り組みについて，聞き取り調査からわかったことを発表させる。
②まちづくりガイドラインを提示し，実際に聞き取り調査のときに見た町並みと関係づけ，決まりが町並みに影響を与えていることを理解させる。
Point

まとめる（10分）

①川越市役所の人たちの取り組みについて，振り返り，本時のまとめをさせる。

本時のポイント…行政の条例やガイドラインが特色あるまちづくりを進めていることを理解させます。

① 県の様子
② 住みよいくらし（水）
③ 住みよいくらしごみ
④ 自然災害から人々を守る活動
⑤ 県内の伝統や文化
⑥ 先人の働き
⑦ 県内の特色ある地域の様子

「県内の特色ある地域の様子(伝統的な文化)」9／9時

ねらい これまでの学習を振り返り，整理することで，学習問題の結論を導き出す。

つけたい力と評価

これまでの学習を整理し，地域の人たちや市役所の人たちの取り組みをまとめることを通して，学習問題の結論を導き出している。

思考力・判断力・表現力等

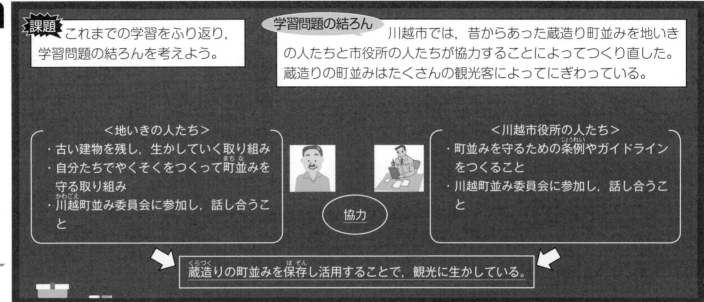

【課題】これまでの学習をふり返り，学習問題の結ろんを考えよう。

【学習問題の結ろん】川越市では，昔からあった蔵造り町並みを地いきの人たちと市役所の人たちが協力することによってつくり直した。蔵造りの町並みはたくさんの観光客によってにぎわっている。

＜地いきの人たち＞
・古い建物を残し，生かしていく取り組み
・自分たちでやくそくをつくって町並みを守る取り組み
・川越町並み委員会に参加し，話し合うこと

＜川越市役所の人たち＞
・町並みを守るための条例やガイドラインをつくること
・川越町並み委員会に参加し，話し合うこと

協力

蔵造りの町並みを保存し活用することで，観光に生かしている。

つかむ（5分）
①本時の学習課題を提示する。

調べる（25分）
①学習してきたことを振り返り，「地域の人たちの取り組み」と「川越市役所の人たちの取り組み」に整理させる。
②地域の人たちと川越市役所の人たちの取り組みには共通しているところがあることを捉えさせ，協力していることに気づかせる。**Point**

まとめる（15分）
①学習問題の結論を考えさせ，記述させる。
②川越市の魅力を表すキャッチフレーズを考えさせる。

本時のポイント…文化財を保護活用するために官民が協力して取り組みをしていることに気づかせます。

3章

授業の流れが一目でわかる！社会科4年板書型指導案

「県内の特色ある地域の様子（国際交流）」1／8時

ねらい 日高市の様子から，日高市や韓国とのつながりに興味・関心をもち意欲的に調べる。

つけたい力と評価

日高市の様子から，日高市や韓国とのつながりに興味・関心をもち，意欲的に調べようとしている。

――――――――

主体的に関わろうとする態度

課題 日高市はどのような場所なのだろうか。

まとめ 日高市は埼玉県の南側にあり，わたしたちの市から見て○側にある。朝鮮半島に昔あった地名が由来の高麗川や高麗神社がある。

クイズ：ここはどこでしょう？

答え：なんと！　埼玉県日高市‼

日高市の地図

日本に一番近い国 韓国がある！

・外国？
・中国や韓国？
→ヒント：昔，朝鮮半島にあった国の民族衣装です。

・埼玉県の南側
・わたしたちの市からは○○の方にある。
・高麗川が流れている。

・巾着田が有名
・高麗神社

朝鮮半島に昔あった国の名前が由来。

つかむ（10分）

①埼玉県日高市のお祭りの写真を見せる。

教 クイズです！　ここはどこでしょう？

児 外国みたいな衣装を着ているから…。

②埼玉県の地図を示し，正解を伝える。

教 埼玉県日高市です！→**児** えー⁉　**Point**

③本時の課題を設定する。

調べる（25分）

①埼玉県の地図から，日高市の位置を調べさせる。

②地図帳や日高市の地図から，日高市の地形や名所を調べる。

まとめる（10分）

①日高市を流れる高麗川や名所の高麗神社の名称にある「高麗」が，朝鮮半島の昔の地名であることを伝える。

②朝鮮半島には，日本に一番近い国の韓国があることを紹介する。

③本時のまとめと次時に調べたいことを書かせる。

児 日高市は韓国とどんな関係があるのかな？

Point 本時のポイント…外国の様子ではなく，自分たちの県内のまちの事例であることを示すことで，その意外性から児童の「なぜ？」「知りたい！」を引き出します。

3章 授業の流れが一目でわかる！社会科4年板書型指導案

「県内の特色ある地域の様子（国際交流）」2／8時

ねらい 韓国の概要や日高市との関わりの歴史から学習問題を見出している。

つけたい力と評価

韓国の概要や日高市との関わりの歴史から学習問題を見出そうとしている。

―――

主体的に関わろうとする態度

課題 日高市と韓国の関係を調べて，学習問題をつくろう。

学習問題 日高市は，歴史的なつながりがある韓国と，どのような交流をしているのだろうか。

〇韓国ってどこにあるの？

国旗

大韓民国
・日本から見て東側
・日本に一番近い国
・韓国料理が日本でも有名

〇日高市とどんな関係があるの？

5世紀 朝鮮半島

朝鮮半島に昔あった国
＝高句麗
と深いつながりがある！

〇高麗神社って？

＜日高市にある高麗神社＞
朝鮮半島に昔あった高句麗の王 若光をまつっている。

高麗神社 宮司さん

・今から約1300年前，戦争をのがれて高句麗の人々がうつり住み，地いきを開発した。
・日高市は昔「高麗郡」という地名。
・今でも日高市は韓国と交流を続けている。

つかむ（10分）

①前回の学習を振り返り，本時の学習課題を提示する。

調べる（25分）

①地図帳を使い，韓国の位置や正式名称，国旗について調べる。
②1300年前の韓国の地図を示し，この時代から関わりがあったことを知る。 **Point**
③高麗神社の宮司さんの話を聞き，日高市の歴史や高句麗との関係について知る。

まとめる（10分）

①現在も日高市が韓国と交流を続けていることを知り，学習問題を設定する。

本時のポイント…交流相手国の概要や，交流の歴史的背景をおさえることが大切です。

3章
授業の流れが一目でわかる！社会科4年板書型指導案

「県内の特色ある地域の様子（国際交流）」3／8時

ねらい 市役所の方の話から，日高市と烏山市が友好都市条約を結び交流していることを理解する。

つけたい力と評価

市役所の方の話から，日高市と烏山市が友好都市条約を結び交流していることを理解している。

知識及び技能

課題 日高市役所では交流を続けるために，どのようなことを行ってきたのだろうか。

まとめ 日高市役所は韓国の烏山市と友好都市条約を結び，スポーツや行事などで交流を行ってきている。

位置

烏山市（むざん）

Fresh Energy
OSAN

・韓国（かんこく）の南

なぜ烏山市と？
こうくり
→高句麗があった場所

まちの様子

友好都市条約（じょうやく）

協力して
交流

日高市

＜市役所の取り組み＞
・スポーツ交流事業
・韓国語教室
・にじのパレード
・高麗（こま）1300年祭りの協力

れきしやスポーツを通して
韓国と仲良くするための交流

つかむ（10分）

①高句麗があった場所にある韓国の烏山市と日高市が，交流していることを知る。

②市役所の取り組みから調べることを提案し，本時の課題を設定する。

調べる（25分）

①資料から，烏山市について調べる。

②市役所の方の話や資料から，日高市が烏山市と「友好都市条約」を結んでいることを調べる。 **Point**

③実際にどのような取り組みをしているか，資料やホームページの画面などから調べさせる。

まとめる（10分）

①場所と地形について黒板に書きまとめる。

②次時の予定を伝える。

本時のポイント…「友好都市条約」がどのようなものか，市の方の話等で解説します。

① 県の様子
② 住みよいくらし（水）
③ 住みよいくらし（ごみ）
④ 自然災害から人々を守る活動
⑤ 県内の統や文化の伝
⑥ 先人の働き
⑦ 県内の特色ある地域の様子

3章 授業の流れが一目でわかる！社会科4年板書型指導案

「県内の特色ある地域の様子（国際交流）」4／8時

ねらい 資料やインタビューから，スポーツ少年交流事業について調べる。

つけたい力と評価

資料やインタビューから，スポーツ少年交流事業の内容や活動について読み取り，理解している。

知識及び技能

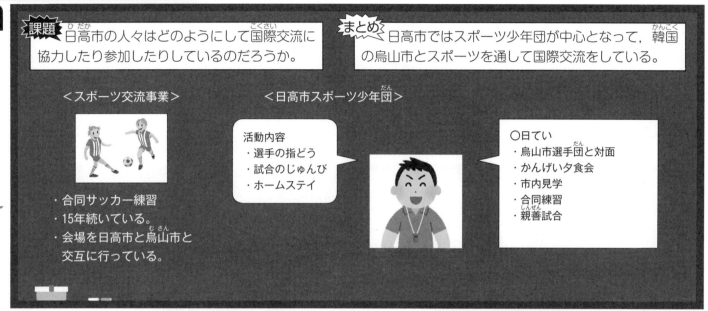

課題 日高市の人々はどのようにして国際交流に協力したり参加したりしているのだろうか。

まとめ 日高市ではスポーツ少年団が中心となって，韓国の烏山市とスポーツを通して国際交流をしている。

＜スポーツ交流事業＞
・合同サッカー練習
・15年続いている。
・会場を日高市と烏山市と交互に行っている。

活動内容
・選手の指どう
・試合のじゅんび
・ホームステイ

＜日高市スポーツ少年団＞
○日てい
・烏山市選手団と対面
・かんげい夕食会
・市内見学
・合同練習
・親善試合

つかむ（10分）

①スポーツ交流事業の写真を提示し，日高市では，小学生も国際交流に参加していることを知り，本時の課題を設定する。 **Point**

調べる（25分）

①スポーツ交流事業資料や，スポーツ少年団の方の話から，交流事業の内容や活動について調べさせる。

まとめる（10分）

①本時のまとめを書かせる。

本時のポイント…自分たちと同じ小学生が交流の中心にいる事例を中心に調べることで，児童の興味・関心を高めることができます。

「県内の特色ある地域の様子（国際交流）」5／8時

ねらい 韓国語教室やホームステイの取り組みから，なぜ深い交流ができるか考え表現している。

3章 授業の流れが一目でわかる！社会科4年板書型指導案

つけたい力と評価

韓国語教室やホームステイの取り組みが，深い交流につながっていることを考え表現している。

───────

思考力・判断力・表現力等

課題 日高市では，スポーツ交流事業を成功させるためにどのような工夫をしているのだろうか。

まとめ ホームステイや韓国語教室を行うことで，より深い交流ができるように工夫している。

＜ホームステイの様子＞

ぎもん①
言葉のちがいはだいじょうぶなのだろうか？

・烏山市の子どもたちを受け入れていっしょに生活する。
・日本が行く場合も同じ。

ぎもん②
ホテルではなく，なぜわざわざホームステイをするのだろう？

＜韓国語教室＞
안녕하세요
アニョンハセヨ
おはよう・こんにちわ
こんばんわ

・市役所が韓国語のテキストをつくっている。
・ていねい語とそうでない語が書かれている。→親しくなるため。

＜スポーツ交流事業に参加した子の感想＞

・韓国語で話すのはきんちょうしたけど，言葉が通じたときはうれしかったです。
・韓国の子と友達になって韓国が身近に感じました。

より深い交流ができる。

つかむ（10分）

①ホームステイの様子から，考えたことや疑問に思ったことを話し合わせる。
- 児 言葉は大丈夫なのかな？
- 児 なぜわざわざホテル泊ではなくホームステイをするのかな？

②本時の課題を設定する。

調べる（25分）

①市が行っている韓国語教室について調べ，その工夫を考え，話し合わせる。

②ホームステイを経験した子どもの作文から，わざわざホームステイにするよさについて考え，話し合わせる。 **Point**

まとめる（10分）

①韓国語教室やホームステイが深い交流につながっていることについて，自分の考えを書かせる。

本時のポイント…体験した人の感想から，交流事業のよさや特色を考えます。

① 県の様子
② 住みよいく らし（水）
③ 住みよいく らし（ごみ）
④ 自然災害から 人々を守る活動
⑤ 県内の統計 や文化の伝
⑧ 先人の働き
⑦ 県内の特色ある地域の様子

「県内の特色ある地域の様子（国際交流）」6／8時

ねらい　日高市が行っている国際交流事業について調べ、どのような取り組みと言えるか考え、表現する。

つけたい力と評価

日高市が行っている国際交流事業について調べ、どのような取り組みと言えるか考え、表現している。

思考力・判断力・表現力等

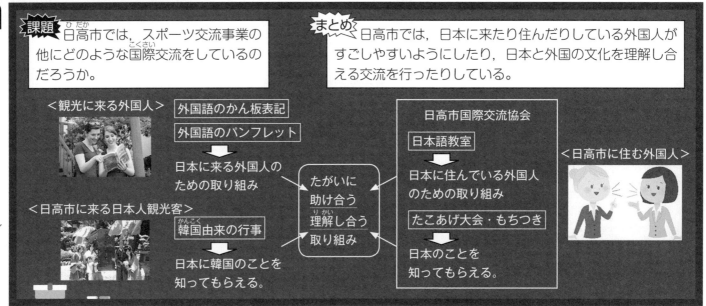

課題　日高市では、スポーツ交流事業の他にどのような国際交流をしているのだろうか。

まとめ　日高市では、日本に来たり住んだりしている外国人がすごしやすいようにしたり、日本と外国の文化を理解し合える交流を行ったりしている。

＜観光に来る外国人＞
- 外国語のかん板表記
- 外国語のパンフレット
→ 日本に来る外国人のための取り組み

＜日高市に来る日本人観光客＞
- 韓国由来の行事
→ 日本に韓国のことを知ってもらえる。

たがいに助け合う理解し合う取り組み

日高市国際交流協会
- 日本語教室
→ 日本に住んでいる外国人のための取り組み
- たこあげ大会・もちつき
→ 日本のことを知ってもらえる。

＜日高市に住む外国人＞

つかむ（10分）

①観光客の様子を示し、外国人観光客もいることから、他にも何か取り組みをしているかもしれないと問いをもたせ、本時の課題を設定する。

調べる（25分）

①日高市や市の国際交流協会の取り組みについて、ホームページ等で調べさせる。
②調べた事例が、どんな人に向けた取り組みか考え、仲間分けをする。
③どのような取り組みと言えるか、話し合わせる。　**Point**

まとめる（10分）

①本時のまとめを書かせる。

Point 本時のポイント…事例をただ調べるのではなく、対象とする人や、取り組みの意義について考えることが大切です。

3章 授業の流れが一目でわかる！社会科4年板書型指導案

「県内の特色ある地域の様子（国際交流）」7／8時

ねらい 調べたことをもとに，学習問題の結論を考え，表現する。

つけたい力と評価

調べたことをもとに，学習問題の結論を考え，表現している。

―――――――

思考力・判断力・表現力等

課題 日高市と烏山市の国際交流についてまとめ，学習問題についてまとめよう。

学習問題の結ろん 日高市では昔からの韓国とのつながりを大切にし，市や市民団体と協力して国際交流を行い，よりよいまちづくりを行っている。

○日高市が韓国とつながりが深い理由
・1300年前から続くれきし的なつながりがある。

高麗神社にまつられている若光は，高句麗の人や日本の人とたがいに助け合い，高麗の郷をつくりました。1300年前の人たちが，すばらしい地いきをつくってくれたことに感しゃしたいですね。

高麗神社 宮司さん

○日高市と烏山市が深い交流ができる理由
・スポーツを通して交流。
・韓国語やホームステイを通して仲を深めている。
・たがいに助け合い理解し合える取り組みをしている。

同じ思い

烏山市とのつながりを大切にし，これから先もより深い交流を続け，よりよい日高市にしていきたいと考えています。

日高市役所の方

1300年前，韓国と日本のかけ橋になった先人の思いやれきしが，今も変わらず日高市に受けつがれている！

つかむ（5分）

①本時の学習課題を設定する。

調べる（30分）

①日高市が，韓国と交流を続けている理由を振り返る。
②日高市が行っている国際交流の事例を振り返る。
③高麗神社の宮司さんの話や，市役所の方の話を聞き，その思いの共通点を考え，話し合わせる。 **Point**

まとめる（10分）

①学習問題の結論を文章で表現する。

Point 本時のポイント…立場のちがう人々の思いの共通点を探ることで，これまで学んできた事例について，よりよいまちづくりという視点で理解を深めることができます。

① 県の様子
② 住みよいくらし（水）
③ 住みよいくらし（ごみ）
④ 自然災害から人々を守る活動
⑤ 県内の伝統や文化
⑥ 先人の働き
⑦ 県内の特色ある地域の様子

「県内の特色ある地域の様子（国際交流）」8／8時

ねらい：これまでの学習を生かし，自分たちのまちでできることを話し合う。

つけたい力と評価

日高市の学習を生かし，自分たちのまちでできることについて意欲的に話し合っている。

主体的に関わろうとする態度

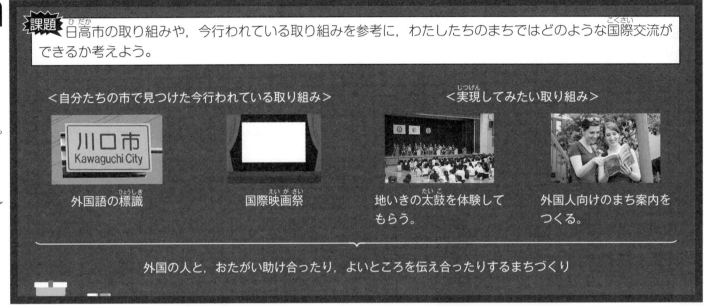

課題　日高市の取り組みや，今行われている取り組みを参考に，わたしたちのまちではどのような国際交流ができるか考えよう。

＜自分たちの市で見つけた今行われている取り組み＞
- 外国語の標識
- 国際映画祭

＜実現してみたい取り組み＞
- 地いきの太鼓を体験してもらう。
- 外国人向けのまち案内をつくる。

外国の人と，おたがい助け合ったり，よいところを伝え合ったりするまちづくり

つかむ（10分）
①自分たちのまちの国際交流について，何かやっていることはないか問いかけ，本時の課題を設定する。

調べる（25分）
①今行われている取り組みについて調べる。
②日高市の学習を参考に，自分たちの市ではどのようなことができるか考え，話し合う。
③自分たちのまちを，国際交流を通してどんなまちにしたいか考える。 **Point**

まとめる（10分）
① 自分の考えをまとめる。

本時のポイント…日高市の取り組みや，自分たちのまちの特色を参考に考えます。

「県内の特色ある地域の様子（まとめ）」1・2・3／3時

ねらい 埼玉県の学習を振り返り，県の魅力を伝えるパンフレットづくりを行う。

つけたい力と評価

埼玉県の学習を振り返り，県の魅力を伝えるパンフレットづくりに意欲的に取り組んでいる。

――――――――

主体的に関わろうとする態度

課題 埼玉県みりょくいっぱいパンフレットをつくろう。

<パンフレットづくりの流れ>

1. どんな地いきやみりょくがあったかふり返ろう！

2. 調べた内容や資料をもとにパンフレットをつくろう！

3. つくったパンフレットをもとに交流をしよう！

4. わたしたちの埼玉県のみりょくについて学習の感想を書こう。

つかむ（10分）

①4年生の県の学習がすべて終わったことを伝え，本時の課題を設定する。

②これまで県の様子についてどのような学習をしてきたか，振り返り，発表させる。

調べる（35分・45分）

①パンフレットづくりを行うための資料集めを行わせる。

②パンフレットの作成を行う。 **Point**

まとめる（45分）

①できあがったパンフレットをグループや学級全体で交流させる。

②パンフレットづくりを通して考えた埼玉県の魅力について，学習感想を書かせる。 **Point**

本時のポイント…パンフレットづくりや発表だけで終わらせるのではなく，活動を通して考えたことを書くことで，自分たちの学びを深めることができます。

おわりに

　3・4年生の社会科は，地域を扱うことが中心になります。日々の忙しい仕事に取りかかる中で，地域をどのように扱って授業を展開していいか悩んでしまうことが多々あることでしょう。こんなとき，授業の進め方がイメージできる板書計画案があると便利です。本書は埼玉県を中心とした案を展開していますが，ご自分の地域にスライドしてご使用ください。具体的に示すことで，他地域に取り入れやすくなっていることと思います。

　あるとき，わたしが所属する上越教育大学教職大学院で興味深い授業を見ました。学習指導案を考える授業というものです。指導案の歴史や役割などを探っていました。ある班は，指導案の一般化を目指し日本全国の都道府県市町村の教育センター等で提示されている指導案を集められるだけ集めて比較分類しました（個人が作成した指導案を除きます）。面白いことがわかりました。集めた指導案ですべてに含まれる共通した項目は「単元名」だけだったそうです。また，A4判16枚の指導案を求めているところがあることを知り，学生は驚いていました。このようなことを調べていく中で，学習指導案は本当に必要なものなのだろうか，役立つ学習指導案とはどういうものだろうかという疑問が学生の中にわいてきたようでした。

　日常的に学習指導案を作成するとして，最低限必要な項目は何だろうかと学生たちが話し合った結果，出した答えは「1時間の展開案」か「板書計画」だろうということでした。本書は，その「板書計画」を毎時間の社会科の授業に実用的に使えるようにと考えて作成したものです。ぜひ，ご活用ください。

　本書は運命的な出会いが重なりできあがりました。あるとき，わたしが講師を務めるセミナーに紺野先生が参加されていて，社会科を中心に自主学習会を開いて「板書型指導案」作成に楽しく取り組んでいる井出先生を紹介してもらったのです。当時「板書型指導案」の存在を知らなかったわたしは，両者にとびつきました。詳細に板書型指導案について質問攻めをすると同時に，大学に戻ってから自分なりに調べてみました。本文で紹介した通り，「北海道社会科教育連盟」や「山口県」等で実践の積み重ねはあるようでしたが，「書籍化」されたものは存在せず，一般的に知られていないことがわかりました。もったいないなぁ，これが世の中に出て多くの学校関係者の目に触れることができたらとても価値あることだろうなぁと思いました。今回，幸いなことに明治図書の及川誠さんのご尽力によりこうして出版の運びとなりました。本当に感謝いたします。

　本書は社会科の授業のときにいつも手元に置いてもらって，書き込みをしてもらったり，印を付けてもらったりと，ボロボロになるまで活用していただくことを目指して作成しました。少しでも皆さまの社会科授業実践のお役に立てることを祈っております。

2019年3月

阿部　隆幸

【板書型指導案についての参考文献】
・新保元康「日常の社会科授業の活性化が急務―教科書とICTを軸にした社会科の可能性―」（小学校社会科通信　まなびと　2012年春号　教育出版社）p.7
・安達正博「主張と個性で勝負！新しい指導案づくりに挑む　板書型指導案を提案する」（「社会科教育」2009年5月号　明治図書）pp.17-20
・前原隆志「板書型指導案に関する一考察」（山口大学教育学部附属教育実践総合センター研究紀要第42号　2016年9月）pp.11-20

【資料出典元】
伊藤鉄工株式会社／株式会社恒王・フェラミカ／長島鋳物株式会社／国土地理院ウェブサイト／国土交通省関東地方整備局　荒川上流河川事務所「荒川第一調節池」／国土交通省関東地方整備局　江戸川河川事務所「首都圏外郭放水路」／戸田市教育委員会　生涯学習課　彩湖自然学習センター／CrafMap／農林水産省HP／国土交通省関東地方整備局HP／国土交通省関東地方整備局利根川ダム統合管理事務所HP／新三郷浄水場／川口市水道局／株式会社プランズ／川越祭を学ぶ会／川越まつり会館／金鳳山平林寺／小川町役場

【著者紹介】
阿部　隆幸（あべ　たかゆき）　1章執筆
上越教育大学教職大学院准教授。日本学級経営学会代表理事。授業づくりネットワーク副理事長。
〈著書〉『「活用・探究力」を鍛える社会科“表現”ワーク小学校編』（明治図書）ほか

板書型指導案研究会
　井出　祐史　2章・3章分担執筆
　紺野　悟　2章分担執筆
　千守　泰貴　3章分担執筆
　海老澤成佳　3章分担執筆

全単元・全時間の流れが一目でわかる！
社会科3・4年　365日の板書型指導案

2019年3月初版第1刷刊　©著　者　阿　部　隆　幸
　　　　　　　　　　　　　　　板書型指導案研究会
　　　　　　　発行者　藤　原　光　政
　　　　　　　発行所　明治図書出版株式会社
　　　　　　　　　　　http://www.meijitosho.co.jp
　　　　（企画）及川　誠（校正）杉浦佐和子・㈱東図企画
　　　　　　　〒114-0023　　東京都北区滝野川7-46-1
　　　　　　　振替00160-5-151318　電話03(5907)6704
　　　　　　　ご注文窓口　電話03(5907)6668
＊検印省略　　　組版所　藤　原　印　刷　株　式　会　社

本書の無断コピーは，著作権・出版権にふれます。ご注意ください。

Printed in Japan　　　　　ISBN978-4-18-309644-9
もれなくクーポンがもらえる！読者アンケートはこちらから→